Obstkuchen

AUTORIN: ANNE-KATRIN WEBER | FOTOS: WOLFGANG SCHARDT

Praxistipps

4 Kleine Obstkunde – saisonale Obstsorten

6 Grundteige – von Mürbeteig über Hefeteig bis hin zu Biskuitmasse

7 Grundrezept – Erdbeer-Biskuit-Kuchen

64 Fast schon ein Dessert – Brioche-Beeren-Auflauf, Himbeer-Baiser-Törtchen, Schoko-Aprikosen-Törtchen

Umschlagklappe hinten:
Pannenhilfe
Saisonkalender

Extra

Umschlagklappe vorne:
Die 10 GU-Erfolgstipps – mit Gelinggarantie für fruchtiges Backvergnügen

60 Register

62 Impressum

Rezepte

8 Erdbeeren und Rhabarber

9	Erdbeer-Cheesecake		14	Rhabarberwähe
10	Erdbeer-Rhabarber-Streuselkuchen		17	Erdbeer-Holunder-Biskuitrolle
12	Erdbeer-Windbeutel		18	Rhabarbercrumble
12	Rhabarberscones		18	Kleine Rhabarber-Pies

20 Mit Sommerbeeren

21	Beerentorteletts		28	Heidelbeer-Walnuss-Kuchen
22	Schoko-Beeren-Kuchen		29	Brombeer-Schoko-Kuchen
22	Brombeertarte		29	Johannisbeerkuchen
25	Himbeertorte		30	Himbeer-Kokos-Torte
26	Träubleskuchen		30	Knusper-Beeren-Törtchen
26	Stachelbeerkuchen		32	Beeren-Baiser-Torte

34 Mit Steinobst

35	Pfirsich-Pinienkern-Törtchen		40	Kirsch-Schoko-Kuchen
36	Schwarzwälder Kirschtorte		42	Aprikosenstrudel
38	Pfirsichtarte		44	Kirsch-Mandel-Gugelhupf
38	Aprikosen-Mandel-Kuchen		44	Mirabellentörtchen
40	Kirschkuchen mit Ricotta			

46 Mit Herbstfrüchten

47	Birnen-Mohn-Kuchen		55	Feigentorteletts
48	Quittenkuchen		55	Rotwein-Birnen-Tarte
50	Apfel-Butter-Kuchen		56	Käsesahnetorte mit Pflaumen
52	Weintraubenkuchen		58	Apple Pie
52	Birnen-Flan			

Kleine Obstkunde

Sie mögen es gerne rhabarbersäuerlich? Oder lieber beerenbunt, pfirsichsüß oder apfelherbstlich? Mit dieser Obstkunde fällt Ihnen die Wahl vielleicht leichter.

Rhabarber

Den Auftakt im Obstjahr macht ab April der säuerlich schmeckende Rhabarber. Auch wenn er botanisch gesehen zum Gemüse zählt, wird er in der Küche und Backstube am liebsten wie Obst verwendet. Die rotstieligen Sorten sind wesentlich milder als die grünstieligen und grünfleischigen Stangen und enthalten zudem weniger von der kalziumzehrenden Oxalsäure. Um die Rhabarbersaison (von April bis Juni) zu verlängern, können Sie die rohen Stangen nach dem Waschen, Putzen und Trockentupfen in kurze Stücke schneiden und auf Vorrat einfrieren. Bei Bedarf dann die gefrorenen Rhabarberstücke unaufgetaut weiterverwenden.

Beerenobst

Alle Früchte mit der Endung »-beere« bezeichnet man in der Küchensprache als Beeren. Aus botanischer Sicht ist das zwar nicht korrekt, macht uns Kuchenbäckern aber überhaupt nichts aus. Mit den ersten einheimischen Erdbeeren geht's im Mai und Juni los. Erdbeeren werden fast ausnahmslos nicht mitgebacken, sondern frisch verwendet, weil sie sonst beim Backen an Geschmack und Farbe verlieren. Auf Seite 10 machen wir eine einzige Ausnahme. Nach den Erdbeeren folgen den ganzen Sommer über saftige Himbeeren, säuerlich schmeckende Rote, Schwarze und auch Weiße Johannisbeeren, tiefdunkle Brombeeren und bläuliche Heidelbeeren. Bei Heidelbeeren unterscheidet man große Kulturheidelbeeren, die im Innern meist hell sind,

und die kleinen Wildheidelbeeren, die deutlich dunkler und aromatischer sind als ihre großen Konkurrenten. Stachelbeeren gibt es in unterschiedlichen Farben. Ob grünlich oder rot bis bräunlich, alle schmecken trotz ihres hohen Zuckergehaltes säuerlicharomatisch.

Weintrauben, die ebenfalls zu den Beeren zählen, gibt es mittlerweile das ganze Jahr über in den Geschäften. Ab August kommen die saftigen und überaus gesunden Trauben aus Südeuropa bei uns in den Handel. Sie schmecken roh als Belag auf Cremes, sie können aber auch mitgebacken werden. Allen Beeren ist gemein, dass sie druckempfindlich und leicht verderblich sind. Kaufen Sie daher die sensiblen Früchtchen immer frisch und waschen Sie sie erst unmittelbar vor dem Backen. Beliebt sind auch Beeren-Kombinationen, beispielsweise eine Mischung aus säuerlichen Johannisbeeren und süßen Himbeeren. Probieren Sie einfach mal aus, was Ihnen gut schmeckt.

Steinobst

Zum Steinobst zählen alle Früchte, die in ihrer Mitte einen harten Stein haben. Ihre Saison fängt im Juni/Juli mit den einheimischen Süß- und Sauerkirschen an. Kirschen sollten immer sofort verarbeitet werden, weil sie sich im Kühlschrank nur wenige Tage halten. Zum Backen werden meistens Sauerkirschen verwendet. War die Kirschernte zu groß? Dann frieren Sie die entsteinten Kirschen einfach auf Vorrat ein. Weiter geht's in der Obstsaison mit

Beerenobst Steinobst Kernobst

Aprikosen, Pfirsichen und Nektarinen aus dem Süden. Zum Backen unbedingt reife, aber noch feste Früchte verarbeiten. Noch feiner schmecken diese Früchte, wenn sie gehäutet im Kuchen landen. Dafür die Früchte mit kochendem Wasser überbrühen, kurz stehen lassen und schließlich abgießen. Dann lassen sich die Häutchen ganz einfach mit dem Messer abziehen. Ab Mitte Juli kommen auch schon die goldgelben bis rötlichen Mirabellen, grüne Reineclauden und die rundlichen blauen Pflaumen auf den Markt, bevor die Steinobstsaison im Oktober mit den späten länglichen Zwetschgen zu Ende geht.

Steinobst wird fast immer vor dem Backen entsteint. Für Kirschen gibt's Kirschentsteiner, alle anderen Früchte lassen sich mit dem Messer halbieren und dann leicht entsteinen. Auch Feigen zählen botanisch gesehen zu den Steinfrüchten. Die je nach Sorte grünen bis dunkelvioletten Früchte kommen ab August bis Oktober aus den Mittelmeerländern zu uns, den Rest des Jahres erhalten wir überwiegend südamerikanische Früchte. Feigen schmecken am besten vollreif, also wenn sie auf leichten Druck nachgeben. Ob mit oder ohne Schale, ist Geschmackssache.

Kernobst

Äpfel, Birnen und Quitten zählen zum Kernobst. Die dunklen Kerne sind die Samen, die fest im Samengehäuse eingeschlossen sind. Die richtige Apfelsorte ist das A und O für einen leckeren Apfelkuchen. Beliebt sind der mürbe Boskop und der säuerliche Allrounder Cox Orange. Aber fragen Sie doch mal auf dem Markt beim Händler oder Bauern Ihres Vertrauens nach anderen geeigneten Äpfeln, dann können Sie in der Vielfalt der Sorten schwelgen und auch alten aromatischen Apfelsorten zu neuen Ehren verhelfen. Birnen bringen weniger Säure als Äpfel mit und werden daher häufig mit etwas Zitronensaft gesäuert, um ihr zartes Aroma zu steigern. Birnen müssen fürs Backen die richtige Reife haben: Sie dürfen weder zu hart noch zu weich sein. Gellerts Butterbirne, Williams Christ, Clapps Liebling und Alexander Lucas sind zum Backen wie auch zum Essen bestens geeignet. Die flaumigen Quitten sind so hart, dass sie vor dem Backen meistens in Flüssigkeit vorgegart werden. Erst dann verwandeln sich die herben Früchte in aromatisch duftenden Kuchenbelag. Nach ihrer Form unterscheidet man Apfel- und Birnenquitten, geschmackliche Unterschiede gibt es jedoch nicht.

Mürbeteig, Rührteig & Co.

Kneten, rühren, schlagen: Unser kleines Teig-ABC erklärt, worauf es bei der Zubereitung von Teigen und Massen ankommt.

Mürbeteig

Der buttrige Mürbeteig bildet die knusprig-zarte Unterlage für zahlreiche Kuchen. Damit er wirklich mürbe wird, darf die kalte Butter nur kurz untergeknetet werden. Nach einer Kühlzeit von ca. 30 Minuten lässt er sich auf einer bemehlten Arbeitsfläche gut ausrollen. Damit saftige Füllungen und Früchte den zarten Teig nicht aufweichen, den Teigboden mit Alufolie oder Backpapier abdecken, dann mit getrockneten Hülsenfrüchten beschweren und vorbacken (das heißt in der Küchensprache »blindbacken«). Nach dem Vorbacken ist er aufnahmebereit für den flüssigen Belag oder saftiges Obst.

Hefeteig

Dieser Teig mag es gerne warm, erst dann geht er zur vollen Größe auf. Hefeteig muss auch mehrfach kräftig geknetet werden. Wenn Sie die Teigschüssel dann noch mit einem Küchentuch abdecken, um ihn gegen Zugluft zu schützen, erhalten Sie eine unglaublich leckere, nach Hefe duftende Unterlage für Wähen oder Blechkuchen. Sehr beliebt ist der Hefeteig in Kombination mit Stein- und Kernobst, beispielsweise als Apfel- oder Zwetschgenkuchen.

Quark-Öl-Teig

Er ist aus wenigen Zutaten in Windeseile geknetet und eine einfache Alternative für alle, die sich nicht an die Zubereitung eines Hefeteigs herantrauen. Frisch gebacken schmecken Kuchen mit dem saftigen Teig am allerbesten.

Rührteig

Dieser einfache Teig ist bei Backeinsteigern sehr beliebt. Butter und Eier sollten immer Zimmertemperatur haben und kräftig verrührt werden, damit der Teig schön locker wird. Zusätzliche Lockerung erhält er durch Backpulver. Der Verwandlungskünstler unter den Teigen lässt sich durch Zugabe von Nüssen, Saaten, Gewürzen, Schokolade und Alkohol leicht abwandeln. Früchte kann man auf den Teig legen oder unter den Teig mischen und mitbacken. Oder der Teig erhält erst nach dem Backen seinen saftigen Obstbelag.

Brandmasse

Die meisten kennen diese Masse in Form von Windbeuteln oder Eclairs. Sie wird zunächst aus Wasser oder Milch, Butter und Mehl in einem Topf auf dem Herd zubereitet, bevor man nach und nach die Eier einzeln unterrührt. Nach dem Abkühlen kommt Brandteig in einen Spritzbeutel mit großer Tülle und wird in verschiedenen Formen auf das Backblech gespritzt.

Biskuitmasse

Feiner und lockerer Biskuit bildet die Basis für viele Torten oder die weiche Unterlage für einen fruchtigen Belag. Bei einem Biskuitteig sorgen reichlich schaumig geschlagene Eier für eine besonders leichte Konsistenz. Unschlagbar im Geschmack ist eine Biskuitunterlage in Kombination mit frischen Sommerbeeren (siehe Seite 7).

Erdbeer-Biskuit-Kuchen

Das Dreigespann aus zartem Biskuitboden, üppigem Erdbeerbelag und Tortenguss ist ein beliebter Klassiker, der uns heute genauso gut schmeckt wie in Kindertagen.

2 Eier
100 g + 3–4 gestrichene EL Zucker
1 Prise Salz
60 g Mehl
40 g Speisestärke
500 g Erdbeeren
150 g Sahne
½ l roter Frucht- oder Apfelsaft
2 Pck. klarer Tortenguss | Backpapier

Für 1 Springform von 28 cm ⌀ (12 Stücke)
⏱ 45 Min. Zubereitung | 20 Min. Backen
Pro Stück ca. 170 kcal, 2 g EW, 5 g F, 27 g KH

1 Den Backofen auf 180° (Umluft 160°) vorheizen. Den Boden der Springform (oder Obstkuchenform) mit Backpapier auslegen. Für die Biskuitmasse die Eier trennen. Eigelbe mit 100 g Zucker und 2 EL heißem Wasser mit den Quirlen des Handrührgeräts in ca. 3 Min. schaumig schlagen. Eiweiße mit Salz steif schlagen. Den Eischnee auf die Eigelbcreme geben. Mehl und Speisestärke mischen, daraufsieben und mit einem Schneebesen locker unterheben. Masse in die Form füllen. Im Ofen (Mitte) in ca. 20 Min. goldbraun backen. Herausnehmen und in der Form auf einem Kuchengitter auskühlen lassen.

2 Für den Belag die Erdbeeren abspülen, trocken tupfen und putzen. Die Sahne steif schlagen. Den Tortenboden aus der Form lösen und auf ein Kuchengitter legen. Den Biskuitboden mit Sahne bestreichen (Bild 1) und mit den Erdbeeren belegen (Bild 2). Den Kuchen auf eine Tortenplatte geben.

3 Für den Guss Saft, übrigen Zucker und Tortengusspulver in einem Topf verrühren, unter Rühren aufkochen, kurz abkühlen lassen. Mit einem Esslöffel von der Mitte aus über den Erdbeeren verteilen (Bild 3). Den Guss in ca. 30 Min. fest werden lassen.

Erdbeeren und Rhabarber

Nach dem langen Winter sind süße Erdbeeren und erfrischender Rhabarber die ersten Frühlingsboten. Und was kann Erdbeeren Schöneres passieren, als auf einem luftig-leichten Cheesecake gebettet zu werden? Sie können den Käsekuchen entspannt am Vortag backen, die Erdbeeren kommen als i-Tüpfelchen erst kurz vorm Servieren darauf.

Erdbeer-Cheesecake

1 Bio-Zitrone | 1 Vanilleschote
6 Eigelb (M) | 500 g Magerquark
500 g Schmand | 225 g Zucker
100 g Weichweizengrieß
4 Eiweiß (M)
500 g Erdbeeren
1 EL Puderzucker
Fett für die Form

Für 1 Springform von 28 cm ⌀ (12 Stücke)
⊚ 50 Min. Zubereitung
45 Min. Backen | 2 Std. Abkühlen
Pro Stück ca. 300 kcal, 11 g EW, 14 g F, 30 g KH

1 Den Rand und den Boden der Form einfetten.
Die Zitrone heiß waschen und abtrocknen, die
Schale fein abreiben und 2 EL Saft auspressen. Die
Vanilleschote längs aufschlitzen, das Mark heraus-
kratzen. Eigelbe mit Quark, Schmand, 100 g Zucker,
Grieß, Vanillemark, 1 EL Zitronensaft und Zitronen-
schale in einer Schüssel verrühren. Den Backofen
auf 200° (Umluft 180°) vorheizen.

2 Eiweiße steif schlagen, übrigen Zucker einrieseln
lassen und weiterschlagen, bis der Eischnee dick-
cremig ist. Behutsam unter die Quarkmasse heben.
In die Form füllen und glatt streichen. Im Ofen (Mitte) ca. 25 Min. backen. Den Kuchen mit Backpapier
abdecken und bei 150° (Umluft 140°) weitere 20 Min.
backen. Den Ofen ausschalten und den Kuchen bei
leicht geöffneter Ofentür ca. 30 Min. ruhen lassen.
Herausnehmen und auskühlen lassen.

3 Die Erdbeeren abspülen, trocken tupfen und
putzen. Die Hälfte mit Puderzucker und übrigem
Zitronensaft pürieren und durch ein Sieb streichen.
Die übrigen Beeren vierteln und auf dem Kuchen
verteilen. Das Erdbeerpüree kurz vor dem Servieren
über die Erdbeeren gießen.

ganz einfach

Erdbeer-Rhabarber-Streuselkuchen

Ausnahmsweise werden die Erdbeeren mitgebacken. Sie mildern die Säure des Rhabarbers – zusammen bilden sie ein unwiderstehliches Frühlingsgespann!

Für den Teig:
250 g Butter
225 g Zucker
4 Eier (M)
250 g Mehl
2 gestrichene TL Backpulver
1 Prise Salz
2 TL abgeriebene Schale von 1 Bio-Zitrone
Fett für das Backblech

Für den Belag:
200 g Butter
150 g Mehl
100 g gemahlene Mandeln
150 g Zucker
1 Prise Salz
750 g Rhabarber
250 g Erdbeeren

Für 1 Backblech (16 Stücke)
⊚ 45 Min. Zubereitung | 40 Min. Backen
Pro Stück ca. 460 kcal, 6 g EW, 29 g F, 43 g KH

1 Den Backofen auf 200° (Umluft 180°) vorheizen. Ein Backblech einfetten. Für den Teig Butter und Zucker mit den Quirlen des Handrührgeräts schaumig schlagen, bis sich der Zucker gelöst hat. Ein Ei nach dem anderen unterrühren. Mehl, Backpulver und Salz mischen und mit der Zitronenschale unterrühren. Den Teig auf dem Backblech verstreichen.

2 Für den Belag die Butter in einem kleinen Topf schmelzen. Mit Mehl, Mandeln, Zucker und Salz in einer Schüssel mischen und mit den Händen zu Streuseln verarbeiten.

3 Den Rhabarber putzen, waschen, schälen und in ca. 5 cm lange Stücke schneiden. Die Erdbeeren abspülen, trocken tupfen, putzen und halbieren. Den Rhabarber und die Beeren auf dem Teig verteilen und mit den Streuseln bestreuen. Den Kuchen im Ofen (Mitte) in 35–40 Min. goldbraun backen.

GUT ZU WISSEN
Frischen heimischen Rhabarber gibt's ab April zu kaufen. Die Rhabarbersaison ist traditionell am Johannistag (24. Juni) zu Ende, doch die säuerlichen Stangen werden oft später noch geschnitten. Auch wenn Rhabarber kein Obst ist, werden die Stangen immer wie Obst zubereitet. Rotstielige Sorten schmecken süßer als die herben grünstieligen Stangen.

AUSTAUSCH-TIPP
Zwischen Rührteig und Streuseln schmecken nicht nur Rhabarber und Erdbeeren. Im Sommer schmeckt der Kuchen auch mit Heidel- oder Johannisbeeren und im Herbst mit Zwetschgenhälften. Außerhalb der Obstsaison schmecken abgetropfte Sauerkirschen aus dem Glas oder auch ein TK-Beerenmix sehr gut.

frisch am besten

Erdbeer-Windbeutel

60 g Butter
3 EL Zucker
2 Prisen Salz | 175 g Mehl
4 Eier (M)
250 g Erdbeeren
400 g Sahne
Spritzbeutel mit Sterntülle
Puderzucker zum Bestäuben

Für 12 Stück
◎ 45 Min. Zubereitung | 25 Min. Backen
Pro Stück ca. 240 kcal, 5 g EW, 17 g F, 17 g KH

1 ¼ l Wasser, Butter, 1 EL Zucker und Salz aufkochen. Das Mehl dazugeben und unterrühren. Die Masse bei mittlerer Hitze unter Rühren zu einem Kloß »abbrennen«, bis sich am Topfboden ein weißer Belag gebildet hat. Teig in eine Schüssel geben und 1 Ei gründlich unterrühren. Abkühlen lassen, dann nach und nach die übrigen Eier unterrühren.

2 Ofen auf 200° (Umluft 180°) vorheizen. Ein Blech mit Backpapier auslegen. Teig in einen Spritzbeutel mit großer Sterntülle füllen, mit großem Abstand 12 Rosetten auf das Blech spritzen. Blech in den Ofen (Mitte) schieben, eine Tasse Wasser auf den Boden des Ofens gießen, die Tür schließen. In 20–25 Min. goldbraun backen. Herausnehmen, einen Deckel abschneiden und abkühlen lassen.

3 Inzwischen die Erdbeeren abspülen, trocken tupfen, putzen und fein würfeln. Sahne mit übrigem Zucker steif schlagen, Erdbeerwürfel untermischen. Die Erdbeersahne in die untere Hälfte füllen und den Deckel auflegen. Mit Puderzucker bestäuben.

schmecken am besten warm

Rhabarberscones

200 g Rhabarber | 125 g Zucker
2 Eier (M) | 60 g Naturjoghurt
325 g Mehl | 2 TL Backpulver
1 kräftige Prise Salz
1 TL abgeriebene Schale von 1 Bio-Zitrone
100 g Butter | Mehl zum Arbeiten

Für 8 Stück
◎ 35 Min. Zubereitung | 20 Min. Backen
Pro Stück ca. 325 kcal, 7 g EW, 13 g F, 46 g KH

1 Den Backofen auf 200° (Umluft 180°) vorheizen. Ein Backblech mit Backpapier auslegen. Rhabarber putzen, waschen, schälen und in ca. 1 cm große Stücke schneiden. Mit 2 EL Zucker mischen und ca. 10 Min. Saft ziehen lassen.

2 Eier und Joghurt verquirlen. 80 g Zucker, Mehl, Backpulver, Salz und Zitronenschale mischen. Die Butter in kleinen Würfeln hinzufügen, mit den Fingern unterarbeiten, bis grobe Krümel entstehen. Die Eiermischung hinzufügen und alles mit den Fingerspitzen unterrühren, bis die Mischung gerade eben zusammenhält. Rhabarber kurz untermischen.

3 Teig auf einer bemehlten Arbeitsfläche zu einem Kreis von ca. 20 cm ∅ drücken. Teigkreis vierteln, Viertel halbieren und mit einem Tortenheber mit etwas Abstand auf das Blech legen. Teig mit übrigem Zucker bestreuen. Im Ofen (Mitte) 15–20 Min. backen. Herausnehmen und auskühlen lassen.

UND DAZU?
Ein Klecks Crème double oder cremiger Frischkäse und Erdbeerkonfitüre machen sich fein als Topping.

süßsauer | sahnig

Rhabarberwähe

Wer hat sie erfunden? Die Schweizer! Dort werden Blechkuchen mit Guss Wähen genannt. Verfeinert mit Zitrone und Vanille einfach rundum gut.

Für den Teig:

300 g Mehl
150 ml Milch
½ Würfel Hefe (ca. 20 g)
75 g Zucker
75 g weiche Butter
1 Prise Salz
Fett für die Form
Mehl zum Arbeiten
3 EL Semmelbrösel

Für den Belag:

750 g Rhabarber
1 Vanilleschote
3 Eier (M) | 2 Eigelb (M)
400 g Schmand
1 EL Speisestärke
125 g Zucker
1 TL abgeriebene Schale von 1 Bio-Zitrone

Für 1 Spring- oder Tarteform von 30 cm ⌀
(12 Stücke) | ⏲ 45 Min. Zubereitung
1 Std. Ruhen | 35 Min. Backen
Pro Stück ca. 345 kcal, 7 g EW, 17 g F, 36 g KH

1 Das Mehl in eine Schüssel geben, in die Mitte eine Mulde drücken. Etwas Milch lauwarm erwärmen. Die Hefe in die Mulde bröckeln, mit der lauwarmen Milch, 1 TL Zucker und etwas Mehl vom Rand verrühren. Den Vorteig abgedeckt an einem warmen Ort ca. 15 Min. gehen lassen.

2 Übrige Milch, restlichen Zucker, Butter und Salz zum Vorteig geben. Alles erst mit den Knethaken des Handrührgeräts, dann mit den Händen zu einem glatten Teig verkneten. Den Teig kneten, bis er Blasen wirft und sich vom Schüsselrand löst. Den Teig abgedeckt ca. 45 Min. an einem warmen Ort bis zur doppelten Größe gehen lassen.

3 Inzwischen für den Belag den Rhabarber putzen, waschen, schälen und in ca. 5 cm lange Stücke schneiden. Vanilleschote längs halbieren, das Mark herauskratzen. Vanillemark, Eier, Eigelbe, Schmand, Speisestärke, Zucker und Zitronenschale verrühren.

4 Den Backofen auf 200° (Umluft 180°) vorheizen. Die Form einfetten. Den Teig kräftig durchkneten und auf einer bemehlten Arbeitsfläche in der Größe der Form ausrollen. In die Form geben, dabei einen kleinen Rand hochziehen. Den Teigboden mit Semmelbröseln bestreuen. Die Rhabarberstücke darauf verteilen, den Guss darübergeben. Im Ofen (unten) 30–35 Min. backen. Herausnehmen und auf einem Kuchengitter auskühlen lassen.

GUT ZU WISSEN

Hefeteig mag es gerne leicht warm. Normalerweise reicht Zimmertemperatur, damit der Teig geht. Wenn das nicht ausreicht, die Teigschüssel ca. 5 Min. auf den Heizkörper oder bei maximal 50° in den Ofen stellen. Damit der Teig keinen »Zug« bekommt und zusammenfällt, die Schüssel mit einem Küchentuch abdecken.

Erdbeer-Holunder-Biskuitrolle

Etwas altmodisch ist sie – die Biskuitrolle. Doch mit der nach Holunderblüten duften-
den Füllung wird sie sicher zu einem Ihrer Lieblings-Frühlingskuchen!

Für den Biskuit:

70 g Mehl

30 g Speisestärke

½ TL Backpulver

4 Eier (M) | 100 g Zucker

Zucker zum Bestreuen

Für die Füllung:

8 Blatt weiße Gelatine

500 g Erdbeeren

250 g griechischer Sahnejoghurt (10 % Fett)

160 ml Holunderblütensirup

1 TL abgeriebene Schale von 1 Bio-Zitrone

2 EL frisch gepresster Zitronensaft

400 g Sahne

Spritzbeutel mit großer Lochtülle

2–3 kleine Zweige Zitronenverbene oder

Melisse

Für 10 Stücke | ⏱ 45 Min. Zubereitung
14 Min. Backen | 2 Std. 30 Min. Kühlen
Pro Stück ca. 320 kcal, 7 g FW, 18 g F, 33 g KH

1 Den Backofen auf 200° (Umluft 180°) vorheizen. Ein Backblech mit Backpapier auslegen. Für den Biskuit das Mehl mit Speisestärke und Backpulver mischen. Die Eier trennen. Die Eigelbe, 70 g Zucker und 4 EL heißes Wasser mit den Quirlen des Hand-rührgeräts schaumig rühren.

2 Die Eiweiße und den übrigen Zucker steif schla-gen, den Eischnee auf die Eigelbcreme geben. Die Mehlmischung daraufsieben und alles vorsichtig untermischen (Bild 1). Die Biskuitmasse auf das Backblech streichen und im Backofen (Mitte) in 12–14 Min. goldbraun backen.

3 Den Biskuit auf ein mit Zucker bestreutes Tuch stürzen. Das Backpapier mit Wasser bestreichen und abziehen (Bild 2). Den Biskuit mithilfe des Tuches aufrollen und auskühlen lassen.

4 Für die Füllung die Gelatine in kaltem Wasser einweichen. Die Erdbeeren abspülen, trocken tup-fen, putzen und 200 g in ca. 1 cm große Würfel schneiden. Den Rest kalt stellen. Joghurt, 125 ml Holunderblütensirup und Zitronenschale verrühren.

5 Den Zitronensaft erhitzen. Die Gelatine tropf-nass darin auflösen. Etwas Joghurtcreme unterrüh-ren (Bild 3), dann die Mischung unter die übrige Creme rühren. Die Erdbeerwürfel untermischen. Die Creme 20–30 Min. kalt stellen, bis sie streichfähig ist. 200 g Sahne steif schlagen und unterheben.

6 Die Biskuitrolle vorsichtig auseinanderrollen und mit dem übrigen Holunderblütensirup beträufeln. Die Creme darauf verstreichen (Bild 4). Die Biskuit-rolle von der Längsseite her aufrollen und im Kühl-schrank in ca. 2 Std. fest werden lassen.

7 Die übrige Sahne steif schlagen, in einen Spritz-beutel mit sehr großer Lochtülle füllen und zick-zackartig auf die Biskuitrolle spritzen. Die übrigen Erdbeeren vierteln und darauflegen. Die Kräuter abspülen und trocknen, die Blättchen abzupfen und darauf verteilen.

auch fein zum Dessert

Rhabarbercrumble

200 g Mehl
150 g Zucker
1 Pck. Bourbon-Vanillezucker
40 g grobe Haferflocken
40 g Kürbis- oder Sonnenblumenkerne
1 kräftige Prise Salz
125 g kalte Butter
750 g Rhabarber
1 gestrichener EL Speisestärke
Fett für die Form

Für 1 Auflaufform von 30 cm Länge (6 Portionen)
⏲ 20 Min. Zubereitung | 45 Min. Backen
Pro Portion ca. 470 kcal, 7 g EW, 23 g F, 60 g KH

1 Das Mehl mit 100 g Zucker, Vanillezucker, Hafer-flocken, Kürbis- oder Sonnenblumenkernen und Salz vermischen. Die kalte Butter in Flöckchen dazu-geben und mit den Händen zu Streuseln verarbei-ten. Die Streusel kalt stellen.

2 Den Backofen auf 200° (Umluft 180°) vorheizen. Die Form einfetten. Rhabarber putzen, waschen, schälen und in ca. 5 cm lange Stücke schneiden. Mit der Stärke und dem übrigen Zucker mischen und in die Auflaufform geben. Die Streusel darauf verteilen. Im Backofen (Mitte) in 40–45 Min. gold-braun backen. Warm servieren.

UND DAZU?
Halb steif geschlagene Vanillesahne oder 1 Kugel Vanille-eis schmecken sehr gut dazu. Und wer es etwas süßer mag, nimmt 500 g Rhabarber und 250 g Erdbeeren.

fruchtig-mürbe

Kleine Rhabarber-Pies

300 g Mehl | 150 g Zucker
1 Prise Salz | 2 Eier (M)
200 g Butter
500 g Rhabarber
2 gestrichene EL Speisestärke
2 EL Zimtzucker
Mehl zum Arbeiten

Für 6 Stück
⏲ 40 Min. Zubereitung | 25 Min. Backen
Pro Stück ca. 560 kcal, 8 g EW, 30 g F, 68 g KH

1 Für den Mürbeteig das Mehl auf eine Arbeits-fläche sieben, in die Mitte eine Mulde drücken. 100 g Zucker, Salz und 1 Ei dazugeben. Die Butter in Flöckchen auf dem Rand verteilen. Alles vom Rand aus rasch zu einem glatten Teig verkneten. Den Teig in Folie wickeln, ca. 30 Min. kalt stellen.

2 Inzwischen den Rhabarber putzen, waschen, schälen und in ca. 1 cm lange Stücke schneiden. Mit Stärke und übrigem Zucker mischen und ca. 10 Min. Saft ziehen lassen. Ofen auf 200° (Umluft 180°) vorheizen. Blech mit Backpapier auslegen.

3 Den Teig in 5 Portionen teilen, jeweils auf einer leicht bemehlten Arbeitsfläche zu einem Kreis aus-rollen. Einen Teller (ca. 20 cm ∅) darauflegen, den Teig ausschneiden. Teigreste verkneten und einen sechsten Kreis ausrollen. Je ein Sechstel der Fül-lung in die Mitte der Kreise geben. Die Teigränder so über die Füllung legen, dass in der Mitte etwas Füllung zu sehen ist. Auf das Blech legen, übriges Ei verquirlen. Teig damit bestreichen, mit Zimtzu-cker bestreuen. Im Ofen (Mitte) ca. 25 Min. backen.

links: Kleine Rhabarber-Pies | rechts: Rhabarbercrumble

Mit Sommerbeeren

Gleich ein ganzes Potpourri von sommerlichen Beeren liegt auf feiner Mandelcreme und knusprigem Teig. Verwenden Sie eine bunte Mischung Ihrer Lieblingsbeeren! Mir schmecken die fruchtigen Minis auch als Last-Minute-Dessert nach einem leichten Sommeressen – am besten mit einem dicken Klecks cremig gerührtem Mascarpone.

Beerentorteletts

80 g weiche Butter
200 g gemahlene geschälte Mandeln
2 Eiweiß (M)
10 EL Zucker
ca. 8 Tropfen Bittermandelöl
300 g gemischte Beeren (z. B. Himbeeren,
Rote Johannisbeeren und Heidelbeeren)
6 längliche Scheiben TK-Blätterteig (450 g)
1 runder Ausstecher oder Glas (ca. 9 cm ⌀)

Für 12 Stück
⊕ 20 Min. Zubereitung | 25 Min. Backen
Pro Stück ca. 350 kcal, 6 g EW, 24 g F, 28 g KH

1 Die Butter in einem kleinen Topf schmelzen und
etwas abkühlen lassen. Die Butter mit Mandeln,
Eiweißen, 6 EL Zucker und Bittermandelöl zu einer
glatten, dicken Paste verrühren.

2 Die Beeren verlesen oder abspülen und trocken
tupfen. Den Backofen auf 200° (Umluft 180°) vorheizen. Den Blätterteig ca. 5 Min. antauen lassen.
Ein Backblech mit Backpapier auslegen.

3 Aus den Blätterteigplatten je 2 Kreise (à 9 cm ⌀)
ausstechen oder ausschneiden und auf das Blech
legen (Teigreste werden nicht benötigt). Die Teig
kreise mit einer Gabel mehrmals einstechen.

4 Die Mandelcreme daraufstreichen, dabei einen
kleinen Rand frei lassen. Die Beeren auf der Creme
verteilen und mit dem übrigen Zucker bestreuen.
Die Torteletts im Backofen (unten) 20–25 Min.
backen, bis der Teig knusprig und goldbraun ist.

Schokolade satt!

Schoko-Beeren-Kuchen

200 g Bitterschokolade (70 % Kakaoanteil)
5 Eier (M)
125 g weiche Butter
200 g Puderzucker
175 g gemahlene Haselnüsse
2 EL Mehl
1 EL Kakaopulver
250 g frische Heidelbeeren
1–2 EL Zucker zum Bestreuen
Fett für die Form

Für 1 Springform von 26 cm ⌀ (12 Stücke)
◎ 35 Min. Zubereitung | 45 Min. Backen
Pro Stück ca. 390 kcal, 6 g EW, 28 g F, 29 g KH

1 Die Schokolade in eine Schüssel bröckeln und über dem heißen Wasserbad schmelzen, dann lauwarm abkühlen lassen. Die Form einfetten und mit Backpapier auslegen. Den Backofen auf 180° (Umluft 160°) vorheizen.

2 Die Eier trennen. Die Eigelbe, Butter und Puderzucker mit den Quirlen des Handrührgeräts schaumig rühren. Haselnüsse, Mehl, Kakaopulver und Schokolade unter die Eier-Butter-Masse rühren. Die Eiweiße steif schlagen und unterheben.

3 Den Teig in die Form füllen und glatt streichen. Heidelbeeren abspülen und trocken tupfen. Zwei Drittel der Heidelbeeren darauf verteilen. Im Backofen (Mitte) ca. 30 Min. backen.

4 Die übrigen Beeren auf den Kuchen geben. Den Kuchen weitere 15 Min. backen, dann herausnehmen, auskühlen lassen und mit Zucker bestreuen.

beerenlecker

Brombeertarte

375 g Mehl | 200 g Zucker
1 Ei (M) | 200 g kalte Butter
800 g Brombeeren
5 EL roter Fruchtsaft (z. B. Johannisbeernektar)
100 g Ahornsirup
½ TL Zimtpulver
3 EL Biskuitbrösel (oder gemahlene Haselnüsse)
1 Eigelb (M) | 1 EL Sahne
Mehl zum Arbeiten | Fett für die Form

Für 1 Tarteform von 30 cm ⌀ (12 Stücke)
◎ 55 Min. Zubereitung | 35 Min. Backen
Pro Stück ca. 410 kcal, 5 g EW, 17 g F, 58 g KH

1 Mehl und 125 g Zucker mischen, in die Mitte eine Mulde drücken. Ei, Butter in Flöckchen und 2 EL kaltes Wasser dazugeben und zu einem glatten Teig verkneten. In Folie wickeln, ca. 30 Min. kalt stellen.

2 Inzwischen die Brombeeren verlesen. Mit Saft, Ahornsirup, 75 g Zucker und Zimtpulver aufkochen, dann offen in ca. 20 Min. dicklich einkochen lassen.

3 Den Backofen auf 200° (Umluft 180°) vorheizen. Die Form einfetten. Zwei Drittel des Teiges auf einer leicht bemehlten Arbeitsfläche etwas größer als die Form ausrollen, die Form damit auskleiden. Den Teigboden mehrmals mit einer Gabel einstechen, mit Bröseln bestreuen. Den übrigen Teig ausrollen und in fingerbreite Streifen schneiden.

4 Brombeeren auf dem Teig verteilen. Teigstreifen gitterartig darauflegen. Eigelb und Sahne verrühren, das Teiggitter damit bestreichen. Im Ofen (Mitte) in ca. 35 Min. goldbraun backen.

links: Brombeertarte | rechts: Schoko-Beeren-Kuchen

Himbeertorte

So eine üppige Torte kauft man sonst nur sonntags beim Konditor. Aber ab jetzt wird sie selbst gemacht! Entdecken Sie den Geschmacksunterschied.

Für den Mürbeteig:
100 g Mehl | 1 Prise Backpulver
1 EL Zucker | 1 Prise Salz
1 Eigelb (M) | 60 g Butter
Mehl zum Arbeiten

Für den Biskuit:
3 Eier (M) | 125 g Zucker
100 g Mehl | 25 g Speisestärke

Für die Himbeersahne:
7 Blatt weiße Gelatine
250 g Himbeeren | 150 g Zucker
3 EL frisch gepresster Zitronensaft
600 g Sahne

Außerdem:
150 g Himbeergelee
400 g Himbeeren
2 Pck. klarer Tortenguss
½ l roter Fruchtsaft (z. B. Himbeersaft oder Kirschnektar) | 2–3 EL Zucker

Für 1 Springform von 26 cm ⌀ (12 Stücke)
🕐 1 Std. 30 Min. Zubereitung
4 Std. 30 Min. Kühlen | 40 Min. Backen
Pro Stück ca. 480 kcal, 7 g EW, 22 g F, 63 g KH

1 Für den Mürbeteig Mehl und Backpulver mischen, in die Mitte eine Mulde drücken. Zucker, Salz und Eigelb dazugeben. Die Butter in Flöckchen auf dem Rand verteilen. Alles rasch zu einem glatten Teig verkneten. In Folie wickeln, ca. 30 Min. kalt stellen.

2 Den Ofen auf 180° (Umluft 160°) vorheizen. Den Boden der Form mit Backpapier auslegen. Teig auf einer leicht bemehlten Arbeitsfläche in der Größe der Form ausrollen, hineinlegen, mehrmals einstechen und ca. 15 Min. backen. Auskühlen lassen.

3 Aus den Zutaten für den Biskuitboden nach dem Rezept auf Seite 7 einen Biskuitteig zubereiten und in 20–25 Min. goldbraun backen.

4 Für die Himbeersahne die Gelatine in kaltem Wasser einweichen. Die Himbeeren verlesen. Die Beeren mit Zucker und Zitronensaft pürieren. Die Sahne steif schlagen. Die Gelatine mit 3 EL Himbeerpüree erwärmen, bis sie aufgelöst ist. Übriges Himbeerpüree unterrühren, dann die Mischung unter die Sahne heben (Bild 1).

5 Den Mürbeteigboden in die Springform legen, mit Himbeergelee bestreichen (Bild 2). Den Biskuitboden waagerecht teilen (Bild 3). Eine Hälfte auf den Mürbeteig mit dem Gelee legen, mit der Hälfte der Himbeersahne bestreichen (Bild 4). Mit dem zweiten Boden bedecken, diesen leicht andrücken und mit übriger Himbeersahne bestreichen. Abgedeckt mindestens 4 Std. kalt stellen.

6 Die Himbeeren verlesen und auf der Torte verteilen. Aus dem Tortengusspulver, Saft und Zucker nach Packungsanweisung einen Guss zubereiten. Den Guss mit einem Löffel von der Mitte aus über die Himbeeren geben und fest werden lassen. Die Torte bis zum Servieren kalt stellen!

erfrischend säuerlich

Träubleskuchen

300 g Mehl | 325 g Zucker
1 Ei (M) | 200 g kalte Butter
600 g Rote Johannisbeeren
7 Eiweiß (M)
1 EL Speisestärke
75 g gemahlene Haselnüsse
Fett für die Form | Mehl zum Arbeiten
getrocknete Hülsenfrüchte zum Blindbacken

Für 1 Springform von 28 cm ∅ (12 Stücke)
🕐 1 Std. Zubereitung | 1 Std. 10 Min. Backen
Pro Stück ca. 400 kcal, 7 g EW, 19 g F, 49 g KH

1 Mehl und 100 g Zucker mischen, in die Mitte eine Mulde drücken. Ei dazugeben. Butter in Flöckchen auf dem Rand verteilen. Alles rasch zu einem glatten Mürbeteig verkneten. Teig in Folie wickeln, ca. 30 Min. kalt stellen. Ofen auf 180° (Umluft 160°) vorheizen. Form einfetten. Teig auf einer bemehlten Arbeitsfläche rund ausrollen und in die Form legen. Mit einer Gabel mehrmals einstechen, mit Backpapier belegen und mit Hülsenfrüchten beschweren. Im Ofen (unten) ca. 20 Min. vorbacken. Backpapier und Hülsenfrüchte entfernen.

2 Für den Belag Johannisbeeren abspülen, trocken tupfen und abzupfen. Eiweiße mit übrigem Zucker sehr steif schlagen, Stärke und Haselnüsse (bis auf 2 EL) unterrühren. 3 EL Eischnee beiseitestellen. Die Beeren unter den übrigen Eischnee heben.

3 Übrige Haselnüsse auf den Boden streuen. Die Johannisbeermasse daraufgeben, mit dem übrigen Eischnee bestreichen und ca. 50 Min. backen, bei Bedarf mit Backpapier abdecken.

fettarm | für viele

Stachelbeerkuchen

300 g Mehl
3 TL Backpulver
750 g Magerquark
300 g Zucker
1 Prise Salz
6 EL Milch
6 EL Sonnenblumenöl
750 g Stachelbeeren
5 Eier (M)
1½ Pck. Vanillepuddingpulver zum Kochen
Fett für das Blech
Spritzbeutel mit großer Sterntülle

Für 1 Backblech (16 Stücke)
🕐 35 Min. Zubereitung | 55 Min. Backen
Pro Stück ca. 270 kcal, 11 g EW, 6 g F, 41 g KH

1 Ein Backblech einfetten. Für den Teig Mehl und Backpulver in einer Schüssel mischen. 150 g Quark, 80 g Zucker, Salz, Milch und Öl dazugeben und mit den Knethaken des Handrührgeräts verkneten. Den Teig auf dem Blech ausrollen.

2 Den Backofen auf 180° (Umluft 160°) vorheizen. Stachelbeeren putzen, waschen und trocken tupfen. 3 Eier trennen. Die Eigelbe, 2 Eier, übrigen Quark, 100 g Zucker und Puddingpulver verrühren. Beeren unterziehen. Die Masse auf den Teig streichen. Den Kuchen im Ofen (unten) ca. 45 Min. backen.

3 Die Eiweiße mit dem übrigen Zucker sehr steif schlagen. Den Eischnee in einen Spritzbeutel mit großer Sterntülle füllen und in Tupfen auf den Kuchen spritzen. Den Kuchen in 5–10 Min. fertig backen, bis das Baiser leicht gebräunt ist.

links: Stachelbeerkuchen | rechts: Träubleskuchen

Heidelbeer-Walnuss-Kuchen

Die Heidelbeersaison ist Ihnen zu kurz? Dann backen Sie doch ein paar Gläser von diesem saftigen Kuchen auf Vorrat, so haben Sie länger was davon.

Grundrezept Rührteig: 250 g weiche Butter | 200 g Zucker | 5 Eier | 200 g Mehl | 2 TL Backpulver | 75 g Schmand | Fett für die Gläser
Zusätzlich: 150 g Walnusskerne | 1 TL abgeriebene Schale von 1 Bio-Orange | 2 Prisen Zimtpulver | 200 g frische Heidelbeeren

Für 4 Weckgläser à ½ l Inhalt (à 3 Stücke)
(mit Gummiringen und Klammern)
🕐 25 Min. Zubereitung | 45 Min. Backen
Pro Stück ca. 420 kcal, 7 g EW, 30 g F, 31 g KH

1 Für den Rührteig die Butter und den Zucker mit den Quirlen des Handrührgeräts cremig schlagen. Ein Ei nach dem anderen unter die Buttermasse rühren. Mehl und Backpulver mischen und mit dem Schmand unterrühren. Den Backofen auf 200° (Umluft 180°) vorheizen. Die Gläser einfetten.

2 100 g Walnusskerne im Blitzhacker fein mahlen und den Rest grob hacken. Die Nüsse mit der Orangenschale und dem Zimtpulver unter den Teig rühren. Den Teig in die Gläser füllen, dabei sollten die Ränder sauber bleiben.

3 Die Heidelbeeren abspülen, trocken tupfen und auf dem Teig verteilen. Die Kuchen im Ofen (Mitte) 40–45 Min. backen. In der Zwischenzeit die Gummiringe zum Verschließen der Gläser in kaltem Wasser einweichen.

4 Die Gläser aus dem Backofen nehmen, die feuchten Gummiringe sofort auf die saubere Innenseite der Glasdeckel legen, Deckel auflegen und mit den Klammern gut verschließen. Die Kuchen in den Gläsern auskühlen lassen. Die Kuchen halten sich mindestens 3 Monate frisch.

Scheibe für Scheibe saftig

Brombeer-Schoko-Kuchen

1 Teigrezept (Seite 28); zusätzlich: 100 g Schoko-lade (70 % Kakaoanteil) | 100 g gemahlene Mandeln | 2 gehäufte EL Kakaopulver (25 g) | 200 g Brombeeren | Puderzucker zum Bestreuen

Für 1 Kastenform von 30 cm Länge (14 Stücke)
⏲ 25 Min. Zubereitung | 1 Std. Backen
Pro Stück ca. 380 kcal, 7 g EW, 26 g F, 30 g KH

1 Rührteig wie auf Seite 28 zubereiten. Ofen auf 200° (Umluft 180°) vorheizen. Boden der Form mit Backpapier auslegen. Schokolade über dem heißen Wasserbad schmelzen, lauwarm abkühlen lassen. Die Schokolade mit Mandeln und Kakaopulver unter den Teig rühren. Die Brombeeren verlesen.

2 Die Hälfte des Teiges in die Form geben. Hälfte der Beeren darauf verteilen, übrigen Teig, restliche Beeren daraufgeben. Im Ofen (Mitte) 55–60 Min. backen. 10 Min. in der Form abkühlen, herauslösen und auskühlen lassen. Mit Puderzucker bestreuen.

ganz einfach | schnell

Johannisbeerkuchen

1 Teigrezept (Seite 28); zusätzlich: 100 g gemah-lener Mohn | 2 TL abgeriebene Schale von 1 Bio-Zitrone | 350 g Rote und Schwarze Johannisbee-ren | 2 EL Zucker | 3 EL rotes Johannisbeergelee

Für 1 Springform von 26 cm ⌀ (12 Stücke)
⏲ 25 Min. Zubereitung | 50 Min. Backen
Pro Stück ca. 400 kcal, 7 g EW, 25 g F, 36 g KH

1 Den Rührteig wie auf Seite 28 zubereiten. Den Backofen auf 200° (Umluft 180°) vorheizen. Die Form einfetten. Mohn und Zitronenschale unter den Teig rühren. Den Teig in die Form geben und glatt streichen.

2 Die Johannisbeeren abspülen, trocken tupfen, abzupfen und auf dem Teig verteilen. Mit Zucker bestreuen. Im Backofen (Mitte) ca. 50 Min. backen. Den Kuchen herausnehmen und auskühlen lassen. Das Johannisbeergelee erwärmen und den Kuchen damit bestreichen.

ohne Backen | sahnig

Himbeer-Kokos-Torte

60 g Kokosraspel
100 g weiße Kuvertüre | 50 g Butter
7 Blatt weiße Gelatine
100 ml Himbeersirup
500 g Crème fraîche
250 g Himbeeren
1 Pck. klarer Tortenguss
200 ml klarer Apfelsaft

Für 1 Springform von 20 cm ⌀ (8 Stücke)
🕐 35 Min. Zubereitung | 2 Std. Kühlen
Pro Stück ca. 470 kcal, 5 g EW, 40 g F, 22 g KH

1 Die Kokosraspel in einer Pfanne ohne Fett in 3–4 Min. goldgelb rösten, abkühlen lassen. Kuvertüre und Butter unter Rühren schmelzen, ca. 5 Min. abkühlen lassen. Die Hälfte der Kokosraspel unterrühren. Den Boden der Form mit Backpapier auslegen. Die Schokomasse auf den Boden geben, festdrücken und den Boden ca. 20 Min. kalt stellen.

2 Gelatine in kaltem Wasser einweichen. 50 ml Himbeersirup erwärmen, Gelatine tropfnass darin auflösen. Etwas Crème fraîche unterrühren, die Mischung unter die restliche Crème fraîche rühren. Die Creme auf den Schoko-Boden gießen. Im Kühlschrank in mindestens 2 Std. fest werden lassen.

3 Beeren verlesen und auf dem Kuchen verteilen. Tortenguss, übrigen Himbeersirup und Apfelsaft in einem kleinen Topf glatt rühren. Unter Rühren kurz aufkochen und 2–3 Min. abkühlen lassen. Den Guss mit einem Esslöffel auf den Beeren verteilen. Auskühlen lassen. Torte aus der Form lösen und den Rand mit den übrigen Kokosraspeln bestreuen.

auch fein als Dessert

Knusper-Beeren-Törtchen

50 g Butter
70 g + 1 EL Zucker
40 g Mandelblättchen
1 Eiweiß (M) | 1 EL Sahne
25 g Mehl
250 g gemischte Beeren (z. B. Himbeeren und Brombeeren)
200 g Frischkäse
100 g Magerquark
2 TL abgeriebene Schale von 1 Bio-Limette
einige Melissenblättchen zum Verzieren

Für 6 Stück
🕐 35 Min. Zubereitung | 8 Min. Backen
Pro Stück ca. 250 kcal, 9 g EW, 14 g F, 23 g KH

1 Backofen auf 180° (Umluft 160°) vorheizen. Ein Backblech mit Backpapier auslegen. Für die Hippen-Törtchen Butter und 70 g Zucker erhitzen und abkühlen lassen. Die Mandelblättchen leicht zerdrücken. Mit Eiweiß, Sahne und Mehl mischen, die Butter-Zucker-Mischung unterrühren.

2 Mit großem Abstand 6 Teigkleckse auf das Blech geben. Mit dem Löffelrücken zu einem Kreis von ca. 12 cm verstreichen. Im Ofen (Mitte) in ca. 8 Min. knusprig backen. Herausnehmen, eine Hippe nach der anderen mit einer Palette oder einem Messer vom Backpapier nehmen und behutsam über umgedrehte Tassen drücken. Auskühlen lassen.

3 Beeren verlesen. Frischkäse mit Quark, übrigem Zucker und Limettenschale glatt rühren. Je einen Klecks Frischkäse in die Törtchen geben. Beeren darauf verteilen, mit Melissenblättchen verzieren.

oben: Himbeer-Kokos-Torte | unten: Knusper-Beeren-Törtchen

braucht etwas Zeit

Beeren-Baiser-Torte

Ein Traum von Torte! Die Kombination aus süßem Teig und erfrischend-säuerlicher Füllung ist perfekt fürs Kaffeekränzchen unterm Apfelbaum.

Für den Teig:

4 Eier (M)

150 g Butter

300 g Zucker

150 g Mehl

3 TL Backpulver

75 g gemahlene geschälte Mandeln

1 EL abgeriebene Schale von 1 Bio-Zitrone

3 EL Mandelstifte

Für den Belag:

2 Blatt weiße Gelatine

400 g Rote Johannisbeeren

250 g Sahne

150 g Crème fraîche

50 g Zucker

1 EL abgeriebene Schale von 1 Bio-Zitrone

2 EL frisch gepresster Zitronensaft

Für 1 Springform von 26 cm ⌀ (12 Stücke)

🕙 1 Std. 10 Min. Zubereitung

40 Min. Backen | 30 Min. Kühlen

Pro Stück ca. 460 kcal, 7 g EW, 29 g F, 42 g KH

1 Backofen auf 160° (Umluft 140°) vorheizen. Die Böden von zwei Springformen mit Backpapier auslegen. Die Eier trennen. Butter und 150 g Zucker mit den Quirlen des Handrührgeräts cremig rühren. Die Eigelbe unterrühren. Mehl, Backpulver und die gemahlenen Mandeln mischen, dann mit Zitronenschale unterrühren. Den Teig auf die Formen verteilen und glatt streichen.

2 Für das Baiser die Eiweiße steif schlagen, den übrigen Zucker unter Rühren einrieseln lassen. Das Baiser jeweils wolkenartig auf dem Teig verteilen und einen Baiserboden mit Mandelstiften bestreuen. Die Böden im Backofen 35–40 Min. backen. Herausnehmen und auskühlen lassen. Wer nur eine Form hat, bäckt die Böden nacheinander.

3 Für den Belag die Gelatine in kaltem Wasser einweichen. Die Johannisbeeren abspülen, trocken tupfen und abzupfen. Die Sahne steif schlagen. Crème fraîche, Zucker und Zitronenschale verrühren. Den Zitronensaft erhitzen, die Gelatine darin tropfnass auflösen. Mit etwas Crème-fraîche-Creme verrühren, die Mischung unter die restliche Creme rühren. Sahne und Johannisbeeren unterheben.

4 Die Creme auf den Tortenboden ohne Mandeln streichen. Den Tortenboden mit Mandeln darauflegen und leicht andrücken.

AUSTAUSCH-TIPP

Wer nicht gerne Gelatine verarbeitet, kann diese Füllung zubereiten: 250 g cremigen Frischkäse mit 60 g Zucker, 2 Pck. Bourbon-Vanillezucker und 1 EL frisch gepresstem Zitronen- oder Limettensaft glatt rühren. 300 g Sahne steif schlagen, portionsweise mit den Johannisbeeren unter die Frischkäsecreme heben. Die Creme auf den Tortenboden streichen.

Mit Steinobst

Der Hochsommer lockt mit aromatischen Kirschen, Pfirsichen und Aprikosen und lädt zum Backen ein. Wie wäre es mit einer mediterranen Versuchung mit Pfirsichen und Rosmarin? Zur Vollendung der goldgelben Törtchen tragen Olivenöl und Pinienkerne bei. Genießen Sie die kleinen Verführer am besten an einem schattigen Plätzchen im Garten.

Pfirsich-Pinienkern-Törtchen

2 Eier (M)

150 g Zucker

2 TL abgeriebene Schale von 1 Bio-Zitrone

8 EL Olivenöl

8 EL frisch gepresster Orangensaft

2 EL frisch gepresster Zitronensaft

150 g Mehl

1 TL Backpulver

50 g feiner Maisgrieß (Polenta)

1 EL frische Rosmarinnadeln

2 kleine Pfirsiche

2 EL Pinienkerne

1 gehäufter EL Pfirsichkonfitüre

Fett und Mehl für die Form

Für 1 Muffinblech (12 Stück)
⏲ 25 Min. Zubereitung | 20 Min. Backen
Pro Stück ca. 220 kcal, 3 g EW, 10 g F, 29 g KH

1 Die Mulden des Muffinblechs einfetten und mit etwas Mehl bestreuen. Den Backofen auf 200° (Umluft 180°) vorheizen.

2 Eier, Zucker und Zitronenschale mit den Quirlen des Handrührgeräts schaumig schlagen. Olivenöl, Orangen- und Zitronensaft unterrühren. Mehl, Backpulver und Maisgrieß mischen und unterrühren.

3 Die Hälfte des Rosmarins fein hacken und unter den Teig rühren. Die Pfirsiche abspülen, trocknen und halbieren, die Hälften entsteinen und in dünne Spalten schneiden.

4 Den Teig in die Mulden füllen. Mit Pfirsichspalten, übrigem Rosmarin und Pinienkernen belegen. Im Ofen (Mitte) ca. 20 Min. backen. Die Konfitüre leicht erwärmen und die Pfirsiche damit bestreichen. 10 Min. in der Form abkühlen lassen, dann die Törtchen aus der Form lösen.

für Festtage

Schwarzwälder Kirschtorte

Eine »Schwarzwälder« kommt nie aus der Mode! Und die etwas aufwendige Zubereitung ist schon beim ersten Bissen wieder vergessen …

Für den Teig:

50 g Butter
7 Eier (M)
200 g Zucker
150 g Mehl | 50 g Speisestärke
50 g Kakaopulver

Für Füllung und Verzierung:

500 g Sauerkirschen
1 gehäufter EL Speisestärke
¼ l Kirschnektar | 10 EL Zucker
1 Stange Zimt | 8 EL Kirschwasser
800 g Sahne | 1 Pck. Sahnesteif
50 g Raspelschokolade (Zartbitter)
Spritzbeutel mit großer Lochtülle

Für 1 Springform von 26 cm ⌀ (14 Stücke)
🕙 1 Std. 20 Min. Zubereitung
35 Min. Backen | 2 Std. Kühlen
Pro Stück ca. 450 kcal, 7 g EW, 27 g F, 45 g KH

1 Den Ofen auf 180° (Umluft 160°) vorheizen. Den Boden der Form mit Backpapier auslegen. Die Butter schmelzen. Die Eier trennen. Die Eiweiße steif schlagen. Die Eigelbe mit 2 EL warmem Wasser und Zucker schaumig schlagen, bis die Masse dick und hell geworden ist. Eigelbcreme auf den Eischnee geben. Mehl, Stärke und Kakaopulver daraufsieben und mit einem Schneebesen locker unterheben. Die flüssige Butter unter die Masse ziehen. Den Teig in die Form füllen. Im Ofen 30–35 Min. backen. Den Biskuitboden auskühlen lassen.

2 Für Füllung und Verzierung die Kirschen abspülen, trocken tupfen und 14 schöne Kirschen für die Verzierung beiseitelegen. Den Rest entsteinen. Die Speisestärke und 4 EL Kirschnektar verrühren. Übrigen Kirschnektar, 4 EL Zucker und Zimtstange aufkochen. Kirschen zugeben und aufkochen. Angerührte Stärke einrühren und kurz aufkochen. Den Zimt entfernen und die Kirschen abkühlen lassen.

3 Den Biskuit aus der Form lösen. Das Backpapier abziehen und den Boden zweimal waagerecht durchschneiden. Den unteren Tortenboden in die Springform legen, mit 3 EL Kirschwasser beträufeln. 500 g Sahne und 3 EL Zucker steif schlagen. Die Sahne in einen Spritzbeutel mit großer Lochtülle füllen. Auf den unteren Boden drei Sahneringe spritzen und die Zwischenräume mit der Hälfte der angedickten Kirschen füllen.

4 Den mittleren Boden daraufsetzen. Mit 3 EL Kirschwasser beträufeln und mit der restlichen Sahne drei Sahneringe daraufspritzen. Dann die Zwischenräume mit den restlichen Kirschen füllen. Den dritten Boden darauflegen, leicht andrücken und mit dem übrigen Kirschwasser tränken.

5 Die übrige Sahne mit restlichem Zucker und Sahnesteif steif schlagen. Die Torte damit ringsum einstreichen und den Rand mit 14 Sahnetupfen und übrigen Kirschen verzieren. Mit Raspelschokolade bestreuen und die Torte mindestens 2 Std. in den Kühlschrank stellen.

ganz einfach

Pfirsichtarte

ca. 750 g reife Pfirsiche
1 Vanilleschote
4 Eier (M)
200 g Sahne
100 g Zucker
1 EL Speisestärke
2 TL abgeriebene Schale von 1 Bio-Zitrone
75 g Butter
250 g Strudelteig (aus dem Kühlregal)

Für 1 Springform von 26 cm ⌀ (12 Stücke)
🕐 25 Min. Zubereitung | 40 Min. Backen
Pro Stück ca. 250 kcal, 5 g EW, 13 g F, 27 g KH

1 Die Pfirsiche kurz in kochend heißes Wasser
legen, herausnehmen, kalt abschrecken, häuten
und vierteln. Die Viertel entsteinen.

2 Für den Guss die Vanilleschote längs aufschlitzen, das Mark herauskratzen. Mit Eiern, Sahne,
Zucker, Stärke und Zitronenschale in einer Schüssel
verquirlen. Den Backofen auf 200° (Umluft 180°)
vorheizen. Den Boden der Form mit Backpapier
auslegen. Die Butter schmelzen.

3 2 Strudelteigblätter so in die Form legen, dass
sie etwas über den Formenrand hängen, und mit
etwas flüssiger Butter bepinseln. Dann wieder
2 Teigblätter hineinlegen und mit etwas Butter
bepinseln. So lange fortfahren, bis alle Strudelteigblätter verbraucht sind. Den Strudelteig mit den
Pfirsichen belegen und mit dem Guss begießen.
Im Ofen (unten) ca. 40 Min. backen.

für Backneulinge | mit Dinkel

Aprikosen-Mandel-Kuchen

250 g Dinkel-Vollkornmehl
100 g Zucker
200 g gemahlene geschälte Mandeln
300 g Butter
600 g reife Aprikosen
100 g Puderzucker
3 Eier (M)
40 g Mehl (Type 405)
Fett für die Form
Puderzucker zum Bestäuben

Für 1 Springform von 26 cm ⌀ (12 Stücke)
🕐 30 Min. Zubereitung | 45 Min. Backen
Pro Stück ca. 470 kcal, 8 g EW, 32 g F, 37 g KH

1 Die Form einfetten. Für den Streuselteig das
Dinkelmehl, Zucker, 125 g Mandeln und 175 g Butter
in Flöckchen mit den Händen zu groben Streuseln
kneten. Drei Viertel davon in die Form geben, am
Boden und ca. 3 cm hoch am Rand andrücken.

2 Den Backofen auf 200° (Umluft 180°) vorheizen.
Für den Belag die Aprikosen waschen und halbieren, die Hälften entsteinen. Die übrige Butter und
den Puderzucker mit den Quirlen des Handrührgeräts schaumig schlagen. Die Eier nacheinander
unter die Buttermasse rühren. Das Mehl und die
übrigen Mandeln mischen und unterrühren.

3 Die Masse auf dem Teigboden verstreichen und
mit den Aprikosenhälften belegen. Übrige Streusel
darauf verteilen. Den Kuchen im Backofen (Mitte)
ca. 45 Min. backen. Mit Puderzucker bestäuben.

Gruß aus Italien

Kirschkuchen mit Ricotta

120 g Butter
200 g Mandelmakronen (Amarettini)
400 g Kirschen
5 Eier (M)
500 g Ricotta
500 g Magerquark
150 g Zucker
3 TL abgeriebene Schale von 1 Bio-Zitrone
2 EL frisch gepresster Zitronensaft
2 Pck. Vanillepuddingpulver zum Kochen

Für 1 Springform von 26 cm ⌀ (12 Stücke)
🕐 50 Min. Zubereitung | 1 Std. Backen
Pro Stück ca. 390 kcal, 14 g EW, 21 g F, 33 g KH

1 Den Boden der Form mit Backpapier auslegen. Für den Streuselteig Butter schmelzen. Mandelmakronen in einem Gefrierbeutel mit dem Nudelholz fein zerkrümeln, dann mit der Butter mischen. Drei Viertel davon in die Form geben und am Boden fest andrücken. Übrige Streusel beiseitestellen. Die Kirschen abspülen, trocken tupfen und entsteinen. Den Backofen auf 200° (Umluft 180°) vorheizen.

2 Für die Creme die Eier trennen. Die Eiweiße steif schlagen. Die Eigelbe mit Ricotta, Quark, Zucker, Zitronenschale, Zitronensaft und Puddingpulver glatt rühren. Den Eischnee unterheben.

3 Die Creme auf den Streuselboden geben und glatt streichen. Die Kirschen darauf verteilen und mit den übrigen Streuseln bestreuen. Im Backofen (Mitte) ca. 20 Min. backen. Dann den Kuchen bei 180° (Umluft 160°) weitere 40 Min. backen, dabei den Kuchen eventuell mit Backpapier abdecken.

bleibt aluverpackt lange frisch

Kirsch-Schoko-Kuchen

400 g Kirschen (oder 1 Glas Kirschen
à 350 g Abtropfgewicht)
6 Eier (M)
250 g Zucker | 300 g weiche Butter
2 EL Kirschwasser (oder Milch)
225 g Mehl | 2 TL Backpulver
150 g gemahlene Mandeln
100 g Raspelschokolade (Zartbitter)
je ½ TL Zimtpulver und gemahlener Koriander
Fett für die Form | Puderzucker zum Bestäuben

Für 1 Springform von 26 cm ⌀ (12 Stücke)
🕐 40 Min. Zubereitung | 1 Std. Backen
Pro Stück ca. 520 kcal, 9 g EW, 34 g F, 45 g KH

1 Kirschen abspülen und entsteinen (Kirschen aus dem Glas abtropfen lassen). Den Backofen auf 180° (Umluft 160°) vorheizen. Die Form einfetten.

2 Die Eier trennen. Eiweiße und 100 g Zucker steif schlagen. Butter und übrigen Zucker sehr schaumig schlagen, Eigelbe unterrühren. Kirschwasser oder Milch unterrühren. Mehl, Backpulver, Mandeln, Schokolade und Gewürze mischen und unter die Buttercreme rühren. Eischnee unterheben. Den Teig in die Form füllen und die Kirschen darauf verteilen.

3 Im Backofen (unten) ca. 1 Std. backen, dabei den Kuchen eventuell mit Backpapier abdecken. Auskühlen lassen und mit Puderzucker bestäuben.

TIPP

100 g Puderzucker mit ca. 2 EL Kirschnektar (oder Saft aus dem Glas) glatt rühren und den abgekühlten Kuchen damit bestreichen.

oben: Kirsch-Schoko-Kuchen | unten: Kirschkuchen mit Ricotta

Aprikosenstrudel

Blättriger Strudelteig umhüllt die saftige Aprikosenfüllung. Echte Schleckermäuler krönen das Ganze noch mit einem Klecks halb steif geschlagener Vanillesahne.

Für den Teig:
225 g Mehl
3 EL Sonnenblumenöl
½ TL Salz
Mehl zum Arbeiten

Für die Füllung:
1 Vanilleschote
250 g weiche Butter
4 EL Zucker
3 Eier (M)
2 TL abgeriebene Schale von 1 Bio-Zitrone
150 g Weichweizengrieß
200 g Schmand
100 g Aprikosenkonfitüre
40 g Löffelbiskuits
500 g reife Aprikosen
1 Prise Salz
Puderzucker zum Bestäuben

Für 14 Stück | ⓧ 1 Std. Zubereitung
1 Std. Ruhen | 35 Min. Backen
Pro Stück ca. 360 kcal, 5 g EW, 22 g F, 34 g KH

1 Für den Strudelteig das Mehl in eine Schüssel geben. 110 ml lauwarmes Wasser, Öl und Salz dazugeben. Alles zuerst mit den Knethaken des Handrührgeräts, dann mit den Händen zu einem elastischen, weichen Teig verkneten. In Frischhaltefolie wickeln und den Teig bei Zimmertemperatur ca. 1 Std. ruhen lassen.

2 Inzwischen für die Füllung die Vanilleschote längs aufschlitzen, das Mark herauskratzen. Mit 150 g Butter und 2 EL Zucker schaumig schlagen. Die Eier trennen. Eigelbe und Zitronenschale unter die Buttermasse rühren. Grieß, Schmand und Aprikosenkonfitüre unterrühren und die Mischung abgedeckt ca. 30 Min. quellen lassen.

3 Inzwischen die Löffelbiskuits fein zerbröseln. Die Aprikosen abspülen, halbieren, entsteinen und in dicke Spalten schneiden. Die Eiweiße mit Salz und dem übrigen Zucker dick-schaumig schlagen. Den Eischnee behutsam unter die Grießmasse heben.

4 Ein großes Küchentuch ausbreiten und leicht mit Mehl bestäuben. Den Teig daraufgeben, ausrollen. Den Teig behutsam über die Handrücken zu einem großen Rechteck ausziehen und auf das Tuch legen.

5 Die übrige Butter zerlassen, die Hälfte auf den Teig streichen. Backofen auf 200° (Umluft 180°) vorheizen. Ein Backblech mit Backpapier auslegen.

6 Die Biskuitbrösel auf eine Längsseite des Teiges streuen. Die Grießmasse mit etwas Abstand zum Rand daraufgeben. Die Aprikosen darauf verteilen. Durch Anheben des Tuchs den Strudel aufrollen, mit der Naht nach unten auf das Blech legen und mit der übrigen Butter bestreichen.

7 Den Strudel im Backofen (unten) in 30–35 Min. goldbraun backen. Den Strudel auskühlen lassen. Dann mit Puderzucker bestäuben.

mit Vollkorn | hält lange frisch

Kirsch-Mandel-Gugelhupf

200 g Marzipanrohmasse
400 g Kirschen (oder 1 Glas Kirschen
à 350 g Abtropfgewicht)
250 g weiche Butter
200 g Rohrohrzucker
5 Eier (M)
3 EL Rum (oder Milch)
300 g Weizenvollkornmehl
50 g gemahlene Mandeln
100 g gehackte Mandeln
1 Pck. Backpulver
Fett und Semmelbrösel für die Form
Puderzucker zum Bestäuben

Für 1 große Gugelhupfform (20 Stücke)
⊚ 40 Min. Zubereitung | 1 Std. 10 Min. Backen
Pro Stück ca. 320 kcal, 6 g EW, 19 g F, 29 g KH

1 Marzipanrohmasse in ca. 5 mm große Stücke
schneiden. Kirschen abspülen, trocken tupfen und
entsteinen (Kirschen aus dem Glas abtropfen lassen). Backofen auf 180° (Umluft 160°) vorheizen.
Die Form einfetten und mit Bröseln ausstreuen.

2 Butter und Zucker mit dem Handrührgerät schaumig schlagen. Ein Ei nach dem anderen und Rum
unterrühren. Mehl, Mandeln und Backpulver mischen und unter die Buttermasse rühren. Marzipanrohmasse und Kirschen unter den Teig rühren.

3 Den Teig in die Form füllen und glatt streichen.
Im Ofen (Mitte) 1 Std. 10 Min. backen, dabei den
Kuchen eventuell abdecken. 10 Min. in der Form
abkühlen lassen, auf ein Kuchengitter stürzen und
auskühlen lassen. Mit Puderzucker bestäuben.

kinderleicht

Mirabellentörtchen

6 längliche Scheiben TK-Blätterteig (450 g)
400 g Mirabellen
4 Eier (M)
200 g Sahne
50 g Zucker
50 g gemahlene geschälte Mandeln
2 gestrichene EL Weichweizengrieß
2 Prisen Zimtpulver
1 TL abgeriebene Schale von 1 Bio-Zitrone
Mehl zum Arbeiten

Für 1 Muffinblech (12 Stück)
⊚ 30 Min. Zubereitung | 20 Min. Backen
Pro Stück ca. 290 kcal, 6 g EW, 19 g F, 24 g KH

1 Die Blätterteigplatten nebeneinanderlegen und
auftauen lassen. Inzwischen die Mirabellen abspülen, abtropfen lassen und entsteinen. Den Backofen auf 200° (Umluft 180°) vorheizen.

2 Für den Guss Eier, Sahne, Zucker, Mandeln, Grieß,
Zimtpulver und Zitronenschale verrühren. Jede Blät-
terteigscheibe quer halbieren und auf einer leicht
bemehlten Arbeitsfläche ausrollen.

3 Die Mulden des Muffinblechs mit kaltem Wasser
ausspülen, kurz abtropfen lassen und jede Mulde
mit einer Scheibe Blätterteig auskleiden.

4 Die Mirabellen hineingeben und mit dem Guss
begießen. Die Törtchen im Backofen (Mitte) in ca.
20 Min. knusprig und goldbraun backen. Herausnehmen und kurz abkühlen lassen, dann die Törtchen aus den Mulden lösen und auf einem Kuchengitter auskühlen lassen.

oben: Kirsch-Mandel-Gugelhupf | unten: Mirabellentörtchen

Mit Herbstfrüchten

Nicht umsonst spricht man vom goldenen Herbst – jetzt gibt es ein reiches Angebot an saftig-süßen Zwetschgen, Trauben, Äpfeln und Feigen, das Backlust weckt. Oder darf es ein Birnenkuchen sein? Dieser könnte Ihr Favorit werden! Meiner ist es jedenfalls schon: so saftig, so schokoladig, so üppig – diesem Prachtstück kann keiner widerstehen!

Birnen-Mohn-Kuchen

6 reife, mittelgroße Birnen (ca. 1200 g)
½ l Holunderbeersaft
350 g brauner Zucker
250 g Bitterschokolade (70 % Kakaoanteil)
250 g Butter
5 Eier (M)
100 g Mehl
100 g gemahlener Mohn
2 EL Kakaopulver
2 TL Backpulver
1 EL Holunderbeer- oder Brombeergelee

Für 1 quadratische Form von 26 x 26 cm
(12 Stücke) oder 1 Springform von 26 cm Ø
(12 Stücke)
⏲ 1 Std. Zubereitung | 30 Min. Backen
Pro Stück ca. 540 kcal, 8 g EW, 32 g F, 53 g KH

1 Die Birnen schälen, halbieren und die Kerngehäuse herausschneiden. Holunderbeersaft und 50 g Zucker aufkochen. Die Birnen darin in ca. 6–10 Min. bissfest dünsten. Den Topf vom Herd nehmen und die Birnen ca. 30 Min. ziehen lassen.

2 Inzwischen die Schokolade und die Butter in einer Schüssel über dem heißen Wasserbad schmelzen. Den übrigen Zucker unterrühren und die Mischung in eine Rührschüssel geben, leicht abkühlen lassen. Erst die Eier unterrühren, dann Mehl, Mohn, Kakao- und Backpulver mischen und unterrühren.

3 Den Backofen auf 200° (Umluft 180°) vorheizen. Birnen aus dem Sud nehmen und trocken tupfen. Die Form mit Backpapier auslegen. Den Teig in die Form füllen und glatt streichen. Die Birnen auf den Teig legen. Im Backofen (unten) ca. 30 Min. backen. Herausnehmen und etwas abkühlen lassen. Gelee mit 1 EL Sud glatt rühren, Birnen damit bestreichen.

vollwertig

Quittenkuchen

Quitten sind was Feines. Hat man die Früchte erst einmal zerteilt und gekocht, verströmen sie einen herrlichen Duft, der an Großmutters Backstube erinnert.

Für den Streuselteig:

160 g Weizenvollkornmehl

1 TL Weinstein-Backpulver

60 g Rohrohrzucker

60 g gemahlene Haselnüsse

120 g kalte Butter

Fett für die Form

Für den Belag:

1 kg Quitten

400 ml Weißwein (oder Apfelsaft)

1 Stück Schale von 1 Bio-Zitrone (ca. 5 cm)

1 Gewürznelke

300 g Rohrohrzucker

3 Eier (M)

250 g Quark (20 % Fett)

1 Pck. Vanillepuddingpulver zum Kochen

1 Prise Zimtpulver

Für 1 Springform von 26 cm ⌀ (12 Stücke)
🕐 45 Min. Zubereitung | 1 Std. Backen
Pro Stück ca. 370 kcal, 7 g EW, 15 g F, 51 g KH

1 Die Form einfetten. Für die Streusel Mehl, Backpulver, Zucker, Haselnüsse und Butter in Flöckchen mit den Händen zu groben Streuseln kneten. Die Streusel in die Form geben, am Boden und ca. 3 cm hoch am Rand andrücken und kalt stellen.

2 Für den Belag die Quitten mit einem großen scharfen Messer vierteln, schälen, das Kerngehäuse entfernen und die Viertel in 2–3 Spalten schneiden.

3 Den Wein mit Zitronenschale, Nelke und 100 g Zucker in einem Topf aufkochen. Die Quitten hinzufügen und in 5–10 Min. bissfest kochen. Die Quittenspalten aus dem Sud nehmen, abtropfen lassen und trocken tupfen.

4 Den Backofen auf 200° (Umluft 180°) vorheizen. Die Eier trennen. Quark, Eigelbe, Puddingpulver, 50 g Zucker und 3 EL Quittensud verrühren. Die Quarkcreme auf dem Teigboden verstreichen und mit den Quittenspalten belegen. Den Kuchen im Backofen (Mitte) ca. 50 Min. backen.

5 Die Eiweiße mit übrigem Zucker und Zimtpulver steif schlagen. Den Eischnee auf den Kuchen geben und mit dem Löffelrücken wolkenartig verteilen. Den Kuchen in weiterer 5–10 Min. fertig backen, bis das Baiser goldbraun ist.

GUT ZU WISSEN

Quitten sind eng mit Äpfeln und Birnen verwandt und werden im Oktober und November geerntet. Die goldgelben Früchte sind roh sehr hart und holzig und müssen erst gekocht werden, um genussfähig zu sein. Werden die Früchte nicht geschält, muss vor dem Kochen der Flaum auf der Schale mit einem Tuch abgerieben werden, da er bitter schmeckt.

GEWÜRZ-TIPP

Quitten harmonieren mit allerlei Gewürzen. Anstelle der Gewürznelke können Sie auch 3–4 Scheiben frischen Ingwer oder 1 TL Koriandersamen nehmen.

norddeutscher Klassiker mit kernigem Biss

Apfel-Butter-Kuchen

Ein ganzes Blech voll Kuchenglück! Am besten servieren Sie den nach Zimt duftenden Blechkuchen leicht warm mit einer Tasse Milchkaffee … perfekt!

Für den Teig:
500 g Mehl (Type 550)
1 Würfel Hefe (ca. 42 g)
¼ l Milch | 50 g Zucker
75 g weiche Butter | ½ TL Salz
Fett für das Backblech
Mehl zum Arbeiten

Für den Belag:
2 große säuerliche Äpfel (z. B. Boskop)
175 g kalte Butter
150 g Kürbiskerne
125 g Zucker
1 TL Zimtpulver

Für 1 Backblech (16 Stücke)
◎ 50 Min. Zubereitung
1 Std. 20 Min. Ruhen | 25 Min. Backen
Pro Stück ca. 350 kcal, 7 g EW, 19 g F, 38 g KH

1 Für den Teig das Mehl in eine Schüssel geben, in die Mitte eine Mulde drücken. Hefe hineinbröckeln, mit etwas lauwarmer Milch, 1 TL Zucker und etwas Mehl vom Rand verrühren. Den Vorteig abgedeckt an einem warmen Ort ca. 15 Min. gehen lassen.

2 Übrige lauwarme Milch, übrigen Zucker, Butter in Flöckchen und Salz zum Vorteig geben. Zunächst mit den Knethaken des Handrührgeräts, dann mit den Händen zu einem glatten Teig verkneten. Den Teig zugedeckt an einem warmen Ort ca. 45 Min. bis zum doppelten Volumen gehen lassen.

3 Das Blech einfetten. Den Teig kräftig durchkneten, auf einer leicht bemehlten Arbeitsfläche in der Größe des Blechs ausrollen und auf das Backblech legen, dabei einen kleinen Rand hochziehen. Den Teig abgedeckt weitere 20 Min. gehen lassen. Den Backofen auf 180° (Umluft 160°) vorheizen.

4 Die Äpfel waschen und mit einem Ausstecher die Kerngehäuse entfernen. Die Äpfel in dünne Scheiben schneiden. Die Butter in kleine Stückchen schneiden. Mit den Fingern Dellen in die Teigoberfläche drücken und zwei Drittel der Butterstückchen darauf verteilen. Die Äpfel und die übrige Butter daraufgeben. Die Kürbiskerne mit Zucker und Zimt mischen und gleichmäßig darüberstreuen. Im Backofen (Mitte) in 20–25 Min. goldbraun backen.

VARIANTE – ZWETSCHGENDATSCHI

Für 1 Blech: 375 g Mehl, ½ Würfel Hefe (20 g), 125 ml Milch, 75 g Zucker, 1 Ei, 60 g Butter und 1 Prise Salz wie oben beschrieben zu einem Hefeteig verarbeiten und gehen lassen. Inzwischen 2 kg Zwetschgen waschen, halbieren und entsteinen. 100 g Butter schmelzen, mit 100 g Zucker, 100 g Mehl, 100 g gemahlenen Mandeln und 1 TL Zimtpulver in einer Schüssel zwischen den Händen zu Streuseln verreiben. Den Teig auf einem gefetteten Backblech ausrollen. Zwetschgen dachziegelartig darauflegen und die Streusel darauf verteilen. Abgedeckt ca. 20 Min. gehen lassen. Im vorgeheizten Backofen (Mitte) bei 200° (Umluft 180°) ca. 30 Min. backen.

südländisch inspiriert | saftig

Weintraubenkuchen

4 Eier (M)
350 g Zucker
300 g saure Sahne
250 ml Olivenöl
50 ml frisch gepresster Orangensaft
abgeriebene Schale von 2 Bio-Orangen
350 g Mehl
2 TL Backpulver
100 g gemahlene geschälte Mandeln
600 g kernlose grüne und blaue Weintrauben
100 g gehackte Mandeln
Fett und Mehl für das Backblech

Für 1 Backblech (16 Stücke)
◎ 30 Min. Zubereitung | 30 Min. Backen
Pro Stück ca. 450 kcal, 7 g EW, 27 g F, 45 g KH

1 Den Backofen auf 180° (Umluft 160°) vorheizen. Ein Backblech einfetten und mit Mehl bestäuben. Für den Rührteig Eier und Zucker mit den Quirlen des Handrührgeräts in ca. 3 Min. schaumig schlagen. Saure Sahne, Olivenöl, Orangensaft und Orangenschale unterrühren. Das Mehl, Backpulver und die gemahlenen Mandeln mischen und kurz unterrühren. Den Teig auf das Blech streichen.

2 Die Weintrauben abspülen, trocken tupfen, abzupfen und halbieren. Die Hälften auf dem Teig verteilen. Die Trauben mit den gehackten Mandeln bestreuen. Den Kuchen im Backofen (Mitte) in ca. 30 Min. goldbraun backen.

AUSTAUSCH-TIPP
Probieren Sie den saftigen Kuchen zur Abwechslung einmal mit halbierten Zwetschgen oder Aprikosen.

mit Kekskrümelteig

Birnen-Flan

800 g Birnen
3 EL frisch gepresster Zitronensaft
200 g Zucker
60 g Butter
120 g Vollkorn-Butterkekse
½ TL Zimtpulver
2 Pck. Vanillepuddingpulver zum Kochen
750 ml Milch
2 Eier (M)

Für 1 Springform von 26 cm ⌀ (12 Stücke)
◎ 55 Min. Zubereitung | 45 Min. Backen
Pro Stück ca. 250 kcal, 4 g EW, 9 g F, 39 g KH

1 Die Birnen schälen, achteln, entkernen. 300 ml Wasser mit Zitronensaft und 25 g Zucker aufkochen. Die Birnen darin zugedeckt in 3–5 Min. bissfest dünsten. Den Topf vom Herd nehmen, die Birnen ca. 30 Min. ziehen lassen.

2 Die Butter schmelzen. Die Kekse in einem Gefrierbeutel mit dem Nudelholz zerkrümeln. Mit Butter und Zimtpulver mischen. Boden der Form mit Backpapier auslegen, Krümel darauf fest andrücken. Birnen herausnehmen und abtropfen lassen.

3 Aus Puddingpulver, Milch und Zucker nach Packungsangabe einen Vanillepudding zubereiten. Etwas abkühlen lassen, dann die Eier unterrühren.

4 Den Backofen auf 200° (Umluft 180°) vorheizen. Drei Viertel der Vanillecreme auf den Boden streichen, mit Birnen belegen und die übrige Creme darauf verteilen. Den Flan im Backofen (Mitte) in ca. 45 Min. goldbraun backen. Herausnehmen und auskühlen lassen.

gästefein

Feigentorteletts

200 g Mehl | 50 g Zucker
1 Prise Salz | 1 Eigelb
120 g kalte Butter in Flöckchen
30 g Pinienkerne | 1–2 EL Puderzucker
250 g Mascarpone | 250 g Magerquark
2 EL Orangenlikör (oder Orangensaft)
2 TL abgeriebene Schale von 1 Bio-Orange
8–10 reife Feigen
Fett für die Tortelettformen | Mehl zum Arbeiten
getrocknete Hülsenfrüchte zum Blindbacken

Für 6 Tortelettformen (à 10–12 cm ⌀)
🕐 1 Std. Zubereitung
30 Min. Kühlen | 20 Min. Backen
Pro Stück ca. 630 kcal, 13 g EW, 43 g F, 47 g KH

1 Mehl auf eine Arbeitsfläche sieben, in die Mitte eine Mulde drücken, Zucker, Salz und Eigelb zugeben. Butter auf dem Rand verteilen. Alles rasch verkneten. In Folie gewickelt ca. 30 Min. kalt stellen.

2 Ofen auf 200° (Umluft 180°) vorheizen. Förmchen einfetten. Teig in 6 Stücke schneiden, auf der bemehlten Arbeitsfläche ca. 3 mm dick ausrollen, in die Förmchen geben. Mit Backpapier belegen, mit Hülsenfrüchten beschweren. Im Ofen (Mitte) 15–20 Min. backen. Backpapier und Hülsenfrüchte entfernen. Die Torteletts auskühlen lassen.

3 Pinienkerne hell rösten, mit 1 El Puderzucker bestreuen und kurz karamellisieren. Mascarpone, Quark, 1 EL Puderzucker, Orangenlikör und -schale verrühren. Feigen abspülen, trocken tupfen und in Spalten schneiden. Die Creme auf die Torteletts streichen, mit Feigen und Pinienkernen belegen.

Frankreich lässt grüßen

Rotwein-Birnen-Tarte

200 g Mehl | 50 g Zucker | 1 Prise Salz
1 Eigelb | 120 g kalte Butter in Flöckchen
100 g Marzipanrohmasse
1 kg kleine reife Birnen
400 ml Rotwein | 75 g Zucker
1 Stange Zimt | 2 Gewürznelken
300 g Crème fraîche | 3 Eier
Fett für die Form
Mehl zum Arbeiten

Für 1 Tarteform von 28 cm ⌀ (12 Stücke)
🕐 1 Std. Zubereitung
30 Min. Kühlen | 45 Min. Backen
Pro Stück ca. 370 kcal, 5 g EW, 23 g F, 34 g KH

1 Mehl auf eine Arbeitsfläche sieben, in die Mitte eine Mulde drücken, Zucker, Salz und Eigelb zugeben. Butter auf dem Rand verteilen. Alles rasch verkneten. In Folie gewickelt ca. 30 Min. kalt stellen.

2 Marzipanrohmasse ca. 20 Min. ins Tiefkühlfach legen. Birnen schälen, vierteln, entkernen. Rotwein, 25 g Zucker und Gewürze aufkochen. Birnen darin in ca. 5 Min. bissfest kochen, im Sud ca. 20 Min. abkühlen lassen. Marzipanrohmasse grob reiben. Mit Crème fraîche, Eiern, übrigem Zucker verrühren.

3 Ofen auf 200° (Umluft 180°) vorheizen. Die Form einfetten. Teig auf einer bemehlten Arbeitsfläche etwas größer als die Form ausrollen, in die Form legen, dabei einen ca. 4 cm hohen Rand bilden. Marzipancreme auf dem Boden verstreichen. Die Birnen abtropfen lassen und auf der Creme verteilen. Die Tarte im Backofen (unten) 40–45 Min. backen. Herausnehmen und auskühlen lassen.

festlich | gut vorzubereiten

Käsesahnetorte mit Pflaumen

Nichts geht über eine Käse-Sahne-Torte! Und schon gar nicht, wenn der Klassiker eine Pflaumenfüllung erhält. Mit Kirschen oder Aprikosen schmeckt sie auch gut.

200 g Mehl
60 g Puderzucker
1 Prise Salz
1 Eigelb (M)
120 g kalte Butter
700 g Pflaumen
¼ l trockener Rotwein (oder roter Traubensaft)
150 g Zucker
2 EL Zwetschgenwasser (nach Belieben)
6 Blatt weiße Gelatine
200 ml Milch
125 g Zucker
2 TL abgeriebene Schale von 1 Bio-Zitrone
4 Eigelbe (M)
500 g Magerquark
1 EL frisch gepresster Zitronensaft
400 g Sahne
Mehl zum Arbeiten
Puderzucker zum Bestäuben

Für 1 Springform von 26 cm ⌀ (12 Stücke)
Ⓜ 1 Std. Zubereitung
12 Min. Backen | 3 Std. 30 Min. Kühlen
Pro Stück ca. 450 kcal, 11 g EW, 22 g F, 50 g KH

1 Das Mehl auf eine Arbeitsfläche sieben, in die Mitte eine Mulde drücken. Puderzucker, Salz und Eigelb dazugeben. Die Butter in Flöckchen auf dem Rand verteilen. Alle Zutaten vom Rand aus rasch zu einem geschmeidigen Mürbeteig verkneten. Den Teig in Folie wickeln und ca. 30 Min. kalt stellen.

2 Backofen auf 180° (Umluft 160°) vorheizen. Den Teig auf einer leicht bemehlten Arbeitsfläche zu zwei Kreisen in der Größe der Form ausrollen. Zwei Backbleche mit Backpapier auslegen, die Kreise darauflegen. Im Ofen (Mitte) in 10–12 Min. knusprig backen, dann herausnehmen. Einen Boden noch warm in 12 Stücke schneiden, auskühlen lassen.

3 Für das Kompott die Pflaumen abspülen, halbieren und entsteinen. Wein und Zucker aufkochen. Die Pflaumen dazugeben und einmal aufkochen lassen. Nach Belieben das Zwetschgenwasser unterrühren. Die Pflaumen in der Flüssigkeit auskühlen lassen.

4 Für die Creme die Gelatine einweichen. Milch, Zucker und Zitronenschale aufkochen. 3 EL davon mit den Eigelben verquirlen, die Mischung nach und nach unter die Milch rühren. Unter ständigem Rühren erhitzen, bis die Creme etwas andickt. Die Gelatine ausdrücken und darin auflösen. Die Creme durch ein Sieb streichen und abkühlen lassen.

5 Quark und Zitronensaft unter die Creme rühren. Die Sahne steif schlagen und unter die Quarkcreme heben. Die Pflaumen abtropfen lassen. Den ganzen Boden in die Form oder in einen Tortenring legen.

6 Den Boden mit einem Drittel der Creme bestreichen, die Pflaumen darauf verteilen. Übrige Creme darauf glatt streichen. Die Torte mindestens 3 Std. kalt stellen. Mit dem in Stücke geschnittenen Mürbeteigboden belegen. Mit Puderzucker bestäuben.

Amerika lässt grüßen

Apple Pie

Der perfekte Kuchen für die ersten Herbststürme. Am besten noch leicht warm, dazu etwas Schlagsahne oder eine Kugel Vanilleeis. Herrlich!

375 g Mehl
½ TL Salz
80 g kalte Butter
125 g kaltes Schweineschmalz
50 g Haselnusskerne
1 kg säuerliche Äpfel (z. B. Cox Orange)
2 EL Speisestärke
150 g Zucker
2 EL Rosinen
2 EL frisch gepresster Zitronensaft
1 Ei (M)
1 EL Milch
Butter für die Form
Mehl zum Arbeiten

Für 1 Springform von 24 cm ⌀ (12 Stücke)
⊚ 1 Std. Zubereitung | 1 Std. Backen
Pro Stück ca. 390 kcal, 5 g EW, 20 g F, 46 g KH

1 Die Form einfetten. Für den Teig Mehl und Salz in eine Rührschüssel geben. Butter und Schmalz in Flöckchen dazugeben. Alles mit den Knethaken des Handrührgeräts zu groben Streuseln kneten. 6 EL kaltes Wasser dazugeben und weiterkneten, bis grobe Brösel entstehen. Den Teig auf eine leicht bemehlte Arbeitsfläche geben und mit den Händen rasch zu einem Teig verkneten. Den Teig halbieren.

2 Eine Teighälfte auf einer bemehlten Arbeitsfläche etwas größer als die Form ausrollen. Den Teig in die Form legen, dabei einen kleinen Rand hochziehen. Die zweite Teighälfte ebenso groß ausrollen

und auf einen großen Teller legen. Den Teig mit Frischhaltefolie abdecken und ca. 30 Min. in den Kühlschrank stellen.

3 Inzwischen für die Füllung die Haselnusskerne grob hacken. Die Äpfel schälen, vierteln, entkernen und die Viertel in dicke Spalten schneiden. Mit Haselnüssen, Speisestärke, Zucker (bis auf 2 EL), Rosinen und Zitronensaft mischen.

4 Den Backofen auf 200° (Umluft 180°) vorheizen. Das Ei trennen. Eiweiß und 2 TL Wasser verquirlen. Den Teig aus dem Kühlschrank nehmen und mit Eiweiß bestreichen, damit er nicht durchweicht. Die Apfelfüllung daraufgeben.

5 Die Teigplatte vom Teller auf die Füllung legen. Überhängende Teigränder mit dem Teig am Rand festdrücken. Die obere Teigplatte mit einem Messer mehrmals einschneiden, sodass Dampf beim Backen entweichen kann.

6 Das Eigelb mit der Milch verquirlen. Den Teig damit bestreichen und mit dem übrigen Zucker bestreuen. Im Backofen (unten) in ca. 1 Std. goldbraun backen, dabei den Kuchen eventuell mit Backpapier abdecken. Den Kuchen herausnehmen und abkühlen lassen.

SOMMER-VARIANTE
Für eine sommerliche Pie-Füllung eine Mischung aus 700 g Äpfeln und 300 g Brombeeren oder Himbeeren nehmen. Wichtig: Die Äpfel mit den Beeren gut mischen, weil die Beeren sehr saftig sind.

Zum Gebrauch
Damit Sie Rezepte mit bestimmten Zutaten noch schneller finden können, stehen in diesem Register zusätzlich auch beliebte Zutaten wie **Mandeln** und **Schokolade** – ebenfalls alphabetisch geordnet und **hervorgehoben** – über den entsprechenden Rezepten.

A
Apfel-Butter-Kuchen 50
Apple Pie 58
Aprikosen
　Aprikosen-Mandel-Kuchen 38
　Aprikosenstrudel 42
　Schokoladen-Aprikosen-Törtchen 64

B
Baiser
　Beeren-Baiser-Torte 32
　Himbeer-Baiser-Törtchen 64
Beeren-Baiser-Torte 32
Beeren
　Beerenobst (Warenkunde) 4
　Beerentorteletts 21
　Brioche-Beeren-Auflauf 64
　Brombeer-Schoko-Kuchen 29
　Brombeertarte 22
　Heidelbeer-Walnuss-Kuchen 28
　Himbeer-Baiser-Törtchen 64
　Himbeer-Kokos-Torte 30
　Himbeertorte 25
　Johannisbeerkuchen 29
　Knusper-Beeren-Törtchen 30
　Schoko-Beeren-Kuchen 22
Birnen
　Birnen-Flan 52
　Birnen-Mohn-Kuchen 47
　Rotwein-Birnen-Tarte 55
Biskuitmasse (Grundteig) 6
Biskuitteig
　Erdbeer-Biskuit-Kuchen (Grundrezept) 7

Erdbeer-Holunder-Biskuitrolle 17
Himbeertorte 25
Schwarzwälder Kirschtorte 36
Blätterteig: Mirabellentörtchen 44
Brandmasse (Grundteig) 6
Brandteig: Erdbeer-Windbeutel 12
Brioche-Beeren-Auflauf 64
Brombeeren
　Brombeer-Schoko-Kuchen 29
　Brombeertarte: 22
Butter: Apfel-Butter-Kuchen 50

C
Crème fraîche
　Himbeer-Kokos-Torte 30
　Rotwein-Birnen-Tarte 55

E
Erdbeeren
　Erdbeer-Biskuit-Kuchen (Grundrezept) 7
　Erdbeer-Cheesecake 9
　Erdbeer-Holunder-Biskuitrolle 17
　Erdbeer-Rhabarber-Streuselkuchen 10
　Erdbeer-Windbeutel 12

F
Feigentorteletts 55
Frischkäse: Knusper-Beeren-Törtchen 30

G
Grieß
　Aprikosenstrudel 42
　Erdbeer-Cheescake 9

H
Hefeteig
　Apfel-Butter-Kuchen 50
　Grundteig 6

Gut zu wissen 14
Rhabarberwähe 14
Zwetschgendatschi (Variante) 50
Heidelbeeren: Heidelbeer-Walnuss-Kuchen 28
　Schoko-Beeren-Kuchen 22
Himbeeren
　Himbeer-Baiser-Törtchen 64
　Himbeer-Kokos-Torte 30
　Himbeertorte 25
Holundersirup: Erdbeer-Holunder-Biskuitrolle 17

J
Johannisbeeren
　Johannisbeerkuchen 29
　Träubleskuchen 26

K
Käsesahnetorte mit Pflaumen 56
Kekskrümelteig: Birnen-Flan 52
Kernobst (Warenkunde) 5
Kirschen
　Kirsch-Mandel-Gugelhupf 44
　Kirsch-Schoko-Kuchen 40
　Kirschkuchen mit Ricotta 40
　Schwarzwälder Kirschtorte 36
Kleine Rhabarber-Pies 18
Knusper-Beeren-Törtchen 30
Kokosraspel: Himbeer-Kokos-Torte 30
Kürbiskerne: Apfel-Butter-Kuchen 50

M
Mandelmakronen: Kirschkuchen mit Ricotta 40
Mandeln
　Aprikosen-Mandel-Kuchen 38
　Kirsch-Mandel-Gugelhupf 44
　Kirsch-Schoko-Kuchen 40
　Mirabellentörtchen 44
　Weintraubenkuchen 52
　Zwetschgendatschi (Variante) 50

Marzipanrohmasse
Rotwein-Birnen-Tarte 55
Kirsch-Mandel-Gugelhupf 44
Mascarpone: Feigentorteletts 55
Mirabellentörtchen 44
Mohn
Birnen-Mohn-Kuchen 47
Johannisbeerkuchen 29
Mürbeteig
Apple Pie 58
Brombeertarte 22
Grundteig 6
Himbeertorte 25
Käsesahnetorte mit Pflaumen 56
Kleine Rhabarber-Pies 18
Träubleskuchen 26

N

Nüsse
Apple Pie 58
Heidelbeer-Walnuss-Kuchen 28
Quittenkuchen 48

P

Pfirsiche
Pfirsich-Pinienkern-Törtchen 35
Pfirsichtarte 38
Pflaumen: Käsesahnetorte mit
Pflaumen 56
Pinienkerne
Feigentorteletts 55
Pfirsich-Pinienkern-Törtchen 35
Pudding
Birnen-Flan 52
Kirschkuchen mit Ricotta 40
Quittenkuchen 48

Q

Quark-Öl-Teig
Grundteig 6
Stachelbeerkuchen 26
Quark
Erdbeer-Cheescake 9

Feigentorteletts 55
Käsesahnetorte mit Pflaumen 56
Kirschkuchen mit Ricotta 40
Quittenkuchen 48
Stachelbeerkuchen 26
Quitten
Gut zu wissen 48
Quittenkuchen 48

R

Rhabarber
Erdbeer-Rhabarber-Streusel-
kuchen 10
Kleine Rhabarber-Pies 18
Rhabarbercrumble 18
Rhabarbersaison (Gut zu wissen) 10
Rhabarberscones 12
Rhabarberwähe 14
Warenkunde 4
Ricotta: Kirschkuchen mit Ricotta 40
Rotwein-Birnen-Tarte 55
Rührteig
Beeren-Baiser-Torte 32
Birnen-Mohn-Kuchen 47
Brombeer-Schoko-Kuchen 29
Erdbeer-Rhabarber-Streusel-
kuchen 10
Grundrezept 28
Grundteig 6
Heidelbeer-Walnuss-Kuchen 28
Johannisbeerkuchen 29
Kirsch-Schoko-Kuchen 40
Pfirsich-Pinienkern-Törtchen 35
Schoko-Beeren-Kuchen 22
Schokoladen-Aprikosen-Törtchen 64
Weintraubenkuchen 52

S

Sahne
Erdbeer-Holunder-Biskuitrolle 17
Erdbeer-Windbeutel 12
Himbeertorte 25
Käsesahnetorte mit Pflaumen 56

Mirabellentörtchen 44
Pfirsichtarte 38
Schwarzwälder Kirschtorte 36
Schmand
Aprikosenstrudel 42
Erdbeer-Cheescake 9
Schokolade
Birnen-Mohn-Kuchen 47
Brombeer-Schoko-Kuchen 29
Kirsch-Schoko-Kuchen 40
Schoko-Beeren-Kuchen 22
Schokoladen-Aprikosen-
Törtchen 64
Schwarzwälder Kirschtorte 36
Schwarzwälder Kirschtorte 36
Stachelbeerkuchen 26
Steinobst (Warenkunde) 4
Streusel
Aprikosen-Mandel-Kuchen 38
Erdbeer-Rhabarber-Streusel-
kuchen 10
Quittenkuchen 48
Rhabarbercrumble 18
Zwetschgendatschi (Variante) 50
Strudelteig
Aprikosenstrudel 42
Pfirsichtarte 38

T

Törtchen
Beerentorteletts 21
Feigentorteletts 55
Himbeer-Baiser-Törtchen 64
Knusper-Beeren-Törtchen 30
Mirabellentörtchen 44
Pfirsich-Pinienkern-Törtchen 35
Schokoladen-Aprikosen-
Törtchen 64
Träubleskuchen 26

W/Z

Weintraubenkuchen 52
Zwetschgendatschi (Variante) 50

Unsere Garantie

Alle Informationen in diesem Ratgeber sind sorgfältig und gewissenhaft geprüft. Sollte dennoch einmal ein Fehler enthalten sein, schicken Sie uns das Buch mit dem entsprechenden Hinweis an unseren Leserservice zurück. Wir tauschen Ihnen den GU-Ratgeber gegen einen anderen zum gleichen oder ähnlichen Thema um.

Liebe Leserin und lieber Leser,

wir freuen uns, dass Sie sich für ein GU-Buch entschieden haben. Mit Ihrem Kauf setzen Sie auf die Qualität, Kompetenz und Aktualität unserer Ratgeber. Dafür sagen wir Danke! Wir wollen als führender Ratgeberverlag noch besser werden. Daher ist uns Ihre Meinung wichtig. Bitte senden Sie uns Ihre Anregungen, Ihre Kritik oder Ihr Lob zu unseren Büchern. Haben Sie Fragen oder benötigen Sie weiteren Rat zum Thema? Wir freuen uns auf Ihre Nachricht!

Wir sind für Sie da!

Montag – Donnerstag: 8.00 – 18.00 Uhr;
Freitag: 8.00 – 16.00 Uhr
Tel.: 0180 - 5 00 50 54*   *(0,14 €/Min. aus
Fax: 0180 - 5 01 20 54*   dem dt. Festnetz/
                                 Mobilfunkpreise
E-Mail: maximal 0,42 €/Min.)
leserservice@graefe-und-unzer.de

P.S.: Wollen Sie noch mehr Aktuelles von GU wissen, dann abonnieren Sie doch unseren kostenlosen GU-Online-Newsletter und/oder unsere kostenlosen Kundenmagazine.

GRÄFE UND UNZER VERLAG
Leserservice
Postfach 86 03 13
81630 München

© 2011
GRÄFE UND UNZER VERLAG GmbH, München

Projektleitung: Verena Erhart
Lektorat: Maryna Zimdars
Korrektorat: Mischa Gallé
Layout, Typografie und Umschlaggestaltung: independent Medien-Design, Horst Moser, München
Satz: Liebl Satz+Grafik, Emmering
Herstellung: Claudia Labahn
Reproduktion: Repro Ludwig, Zell am See
Druck: Firmengruppe APPL, aprinta druck, Wemding
Bindung: Firmengruppe APPL, sellier druck, Freising
Syndication:
www.jalag-syndication.de

ISBN 978-3-8338-0913-2

2. Auflage 2011

Die Temperaturangaben bei Gasherden variieren von Hersteller zu Hersteller. Welche Stufe Ihres Herdes der jeweils angegebenen Temperatur entspricht, entnehmen Sie bitte der Gebrauchsanweisung. Bei Elektroherden können die Backzeiten je nach Herd variieren. Bei Kuchen empfiehlt sich immer die Stäbchenprobe. Dazu mit einem Holzstäbchen in die Mitte des Gebäcks stechen, kurz warten und wieder herausziehen. Klebt kein Teig am Stäbchen, ist das Gebäck fertig.

Die Autorin

Anne-Katrin Weber lebt mit ihrer Familie in Hamburg. Sie veröffentlichte bereits zahlreiche Koch- und Backbücher – darunter auch den Bestseller »Kleine Kuchen«. In diesem Buch stellt sie Ihnen ihre liebsten Obstkuchen vor. Wenn sie sich nicht gerade neue Rezepte ausdenkt, arbeitet die gelernte Köchin und Ernährungswissenschaftlerin als Foodstylistin für Bücher, Zeitschriften und Werbung. Mehr über sie gibt es unter www.annekatrin-weber.de.

Der Fotograf

Wolfgang Schardt kann seine Liebe für Essen und Trinken beruflich ausleben. In seinem Studio in Hamburg fotografiert er vor allem Food, Stills und Interieur für Magazine wie FEINSCHMECKER, für Verlage und Werbung. Tatkräftig unterstützt wurde er von Anne-Katrin Weber (Foodstyling und Requisite) und Janet Hesse (Fotoassistenz).

Bildnachweis

Titelfoto: Eising FoodPhotography (Martina Görlach), München; alle anderen: Wolfgang Schardt, Hamburg

Titelbildrezept

Träubleskuchen (S. 26) ohne Nüsse.

Ein Unternehmen der
GANSKE VERLAGSGRUPPE

Kochlust pur

Die neuen KüchenRatgeber – da steckt mehr drin

Cupcakes — ISBN 978-3-8338-1944-0 — 64 Seiten

Sommergemüse — ISBN 978-3-8338-1835-6 — 64 Seiten

Geschenke aus der Küche — ISBN 978-3-8338-1477-8 — 64 Seiten

Grillen — ISBN 978-3-8338-0324-6 — 64 Seiten

Picknick — ISBN 978-3-8338-0912-5 — 64 Seiten

1 Salat – 50 Dressings — ISBN 978-3-8338-1429-7 — 64 Seiten

Änderungen und Irrtum vorbehalten

Das macht sie so besonders:

- Neue mmmh-Rezepte – unsere beste Auswahl für Sie
- Praktische Klappen – alle Infos auf einen Blick
- Die 10 GU-Erfolgstipps – so gelingt es garantiert

GU

Willkommen im Leben.

Fast schon **ein Dessert**

Brioche-Beeren-Auflauf

Himbeer-Baiser-Törtchen

Schokoladen-Aprikosen-Törtchen

Brioche-Beeren-Auflauf

6 feuerfesteTassen großzügig mit Butter einfetten. 150 g Brioche (oder Hefezopf) erst in Scheiben schneiden, dann in Stücke zupfen. 250 g Beeren (z. B. Brom- oder Heidelbeeren) verlesen. 3 Eier, 2 EL Zucker, 1 Pck. Vanillezucker und 300 ml Milch verquirlen. Den Backofen auf 180° (Umluft 160°) vorheizen. Abwechselnd Briochestücke und Beeren in die Tassen schichten. Mit Eiermilch begießen und ca. 30 Min. ziehen lassen. 1 EL Butter in Flöckchen darauf verteilen. Mit 2 EL Mandelblättchen und 1–2 EL Zucker bestreuen. Im Backofen (Mitte) in ca. 20 Min. goldbraun backen.

Himbeer-Baiser-Törtchen

Den Backofen auf 150° (Umluft 130°) vorheizen. Zwei Backbleche mit Backpapier auslegen. 4 Eiweiße steif schlagen. 225 g Zucker unter Rühren einrieseln lassen und weiterschlagen, bis der Eischnee fest ist und glänzt. 1 TL Speisestärke dazusieben und 1 TL Weißweinessig unterrühren. Die Masse mit einem Esslöffel in 10 Häufchen mit großem Abstand auf die Bleche geben. Im Ofen (Mitte) bei 100° (Umluft 80°) ca. 1 Std. backen. Die Törtchen im ausgeschalteten Ofen vollständig trocknen lassen. Vor dem Servieren 500 g Himbeeren verlesen. 250 g Sahne und 1 Pck. Bourbon-Vanillezucker dick-cremig schlagen und auf den Törtchen verteilen. Mit den Himbeeren garnieren. Mit Puderzucker bestäuben.

Schokoladen-Aprikosen-Törtchen

Den Backofen auf 200° (Umluft 180°) vorheizen. 200 g Bitterschokolade zerbröckeln und mit 100 g Butter bei kleiner Hitze schmelzen. 3 Eier und 120 g Puderzucker in ca. 2 Min. schaumig rühren, die lauwarme Schokoladen-Butter-Masse unterrühren. 90 g Mehl und 1 EL Kakaopulver dazusieben und unterrühren. 6 Portionsförmchen (à 125 ml Inhalt) oder feuerfeste Tassen einfetten und den Teig hineingeben. 6 kleine reife Aprikosen abspülen, trocknen, halbieren, entsteinen, in Spalten schneiden und in den Teig drücken. Im Ofen (Mitte) 12–15 Min. backen (sie sollen im Inneren noch weich sein). Die Törtchen warm servieren.